近畿圏版①　最新入試に対応！家庭学習に最適の問題集!!

洛南高等学校附属小学校
立命館小学校

JN035410

2022～2023年度過去問題集を掲載

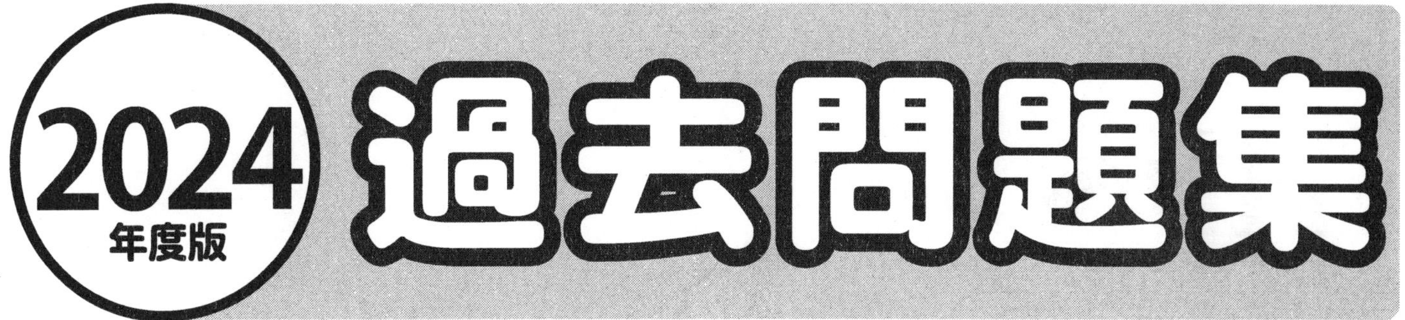

合格までのステップ

出題傾向の把握

基礎的な学習

過去問にチャレンジ!

苦手分野の克服

●資料提供●

京都幼児教室

日本学習図書

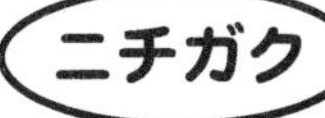

ISBN978-4-7761-5515-7

C6037 ¥2300E

定価 2,530 円

（本体 2,300 円＋税 10％）

こんなこと…ありませんか？

「ニチガクの問題集…買ったはいいけど、、、
この問題の教え方がわからない（汗）」

メールでお悩み解決します！

- ☆ ホームページ内の専用フォームで必要事項を入力！
- ☆ 教え方に困っているニチガクの問題を教えてください！
- ☆ 確認終了後、具体的な指導方法をメールでご返信！
- ☆ 全国どこでも！スマホでも！ぜひご活用ください！

<質問回答例>

学習のポイント

推理分野の学習では、後の学習に活きる思考力を養うことができます。ご家庭で指導する場合にも、テクニックにたよらず、保護者の方が先に基本的な考え方を理解した上で、お子さまによく考えさせることを大切にして指導してください。

Q.「お子さまによく考えさせることを大切にして指導してください」と学習のポイントにありますが、考える習慣をつけさせるためには、具体的にどのようにしたらいいですか？

A. お子さまが考える時間を持てるように、質問の仕方と、タイミングに工夫をしてみてください。
たとえば、「答えはあっているけど、どうやってその答えを見つけたの」「答えは○○なんだけど、どうしてだと思う？」という感じです。はじめのうちは、「必ず 30 秒考えてから手を動かす」などのルールを決める方法もおすすめです。

まずは、ホームページへアクセスしてください!!

http://www.nichigaku.jp　日本学習図書　検索

家庭学習ガイド
洛南高等学校附属小学校

入試情報

募集人数：男女 90 名
応募者数：男子 64 名　女子 71 名
出題形態：ペーパー、ノンペーパー
面　　接：保護者
出題領域：ペーパー（記憶、言語、推理、数量、図形、常識）、運動

入試対策

例年、ペーパーテストで難しい問題が多数出題されていましたが、ここ数年極端に難しい問題は減ってきています。とは言っても、地域内の比較としてはレベルの高い問題が出題されることには変わりないので、幅広い分野で基礎を固めるとともに、応用問題にも対応できるように準備を進める必要があるでしょう。日々の学習に加えて、実体験を通して知識を補うことも大切にしてください。

運動テストでは、運動能力の発達度はもとより、子どもの態度や心構え、協調性の有無、マナーが身に付いているかなど、さまざまな点が観られます。子どもの日常の様子に加え、保護者の方を含む家庭全体が観られているということを意識し、家族全員で受験に取り組みましょう。

また、ペーパーテストの問題数も多く、試験時間も長時間に渡るため、集中力の持続も大切です。必要な時には集中できるように、学習は時間を決めて行い、遊ぶ時は思い切り遊ぶなどメリハリをつけて日常を過ごしてください。

- 難しい問題が減ってきているとはいえ、応用力を試される問題も見られます。基礎を大切にしつつ、分野を横断するような学習も取り入れましょう。

- ペーパーテストは問題数が多いので、集中力の持続も大切な要素になります。家庭学習の中でも時折そうした状況を作り、お子さまの集中力がどのくらい続くのかを把握しておくとよいでしょう。

- 保護者の方には、面接資料提出時と試験時に作文が課されました。お子さまの教育や社会生活などについて、ふだんからしっかり意識してしておくことが重要です。

- 保護者作文は、「○○について思うところをお書きください」という形で出題されます。これは「あなたの思うところ」を書くということなので、一般論ではダメということです。テーマについてあなた自身の意見を書くようにしましょう。

「洛南高等学校附属小学校」について

〈合格のためのアドバイス〉

当校は、日本有数の進学校、洛南高等学校の附属小学校として、2016年４月に開校しました。これまでのペーパーテストは難度が高く、高い学力を求められる問題が大半でしたが、2020年度入試以降、問題がやさしくなっており、傾向の変化がうかがえます。しかし、標準的な小学校入試問題よりは難しく、基礎レベルの問題を確実に解けるようにした上で、反復学習や問題練習を重ねて正確さとスピードを養うという取り組みが必要なことには変わりありません。ある程度学力がついてきたら、発展的な問題に取り組みましょう。本書掲載の問題で傾向をつかみ、学習のポイントを参考にして家庭学習を行ってください。ペーパー学習とのバランスをとりながら、遊びやお手伝いなど日常の体験を通して知識を補強しましょう。ペーパーテスト以外に特筆すべき点としては、学校側が保護者の方をよく知りたいという思いから、出願時に作文、試験日前の指定日に保護者面接、試験時間中の課題作文の３つが課されています。なお、課題作文では、１時間で600字程度の作文を書かなければなりません。課題に対する答えを考え、作文全体の構成、表記の統一など、あらかじめ練習しておくべきことはたくさんあります。本書該当問題のアドバイスと下記の課題を参考にして、早めに練習を始めてください。

〈2023年度選考〉

◆ペーパーテスト
◆運動
◆行動観察
◆保護者面接（考査日前に実施）
◆保護者作文

◇過去の応募状況

2023年度	男子64名	女子71名
2022年度	男子63名	女子60名
2021年度	男子73名	女子75名

〈保護者作文について〉

お子さまが試験を受けている間、保護者に作文が課されました。１時間ずつ２度、休憩をはさんで行われました。B4 サイズ横向きの用紙に600 字の縦書きの原稿用紙と下書き用紙が１枚ずつ配布されました。終了後は、原稿用紙と下書き用紙とも回収されました。

◆作文の課題例（本書掲載分以外の過去問題）

・「子を知る親に若かず然も子を知らざることもまた往々にして親に若かず」という言葉について、思うところをお書きください。
・「現代の親は多すぎる子育て情報に溺れているのではないか」という意見について、思うところをお書きください。
・「横で比べず、縦で比べよ」という言葉について、思うところをお書きください。
・「快適すぎるリビングは子どもの五感を鈍らせてしまう」という意見について、思うところをお書きください。
・「親が遺すことができる最大の贈り物は、親自身の自立だと思っているのよ」について思うところをお書きください。

家庭学習ガイド
立命館小学校

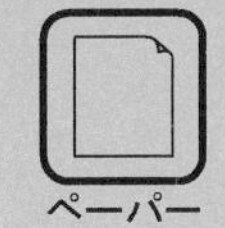

入試情報

募集人数：男女約120名
応募者数：非公表
出題形態：ペーパー、ノンペーパー
面　　接：保護者・志願者
出題領域：ペーパーテスト（常識、言語、お話の記憶、数量、図形、推理）、制作、行動観察

入試対策

当校の入学考査の特徴は、ペーパーテストの出題分野が広いことです。ほとんどは基礎的な内容でなので、各分野の基本となる部分をしっかり学習しておきましょう。また、常識分野など、机上の学習だけではなく、生活から学ぶことも数多く出題されています。社会のルールやマナーから、ふだん目にする自然・生きものまで、機会を逃さず知識を身に付けるよう指導してください。

- ペーパーテストは、幅広い範囲から出題されます。出題される分野に大きな変化はないので、過去問には必ず目を通し、出題分野の理解を深めておきましょう。

- 例年、生活常識を問われる問題が出題されています。日頃から、自分のことをどれだけ自分でしているか、ご家庭での躾も出題の観点となってます。

- 親子面接は、考査日前の指定された日時で実施されます。例年、親子関係や生活習慣などについて質問されます。面接官は願書を深く読み込んでおり、ご家庭ごとに異なった質問をされることもあります。家庭内で意思疎通ができるように、ふだんからお子さまを交えてよく話し合うようにしてください。

- すべての課題に共通しているのは、「指示を理解する」「指示を守って行動する」という点です。小学校入試だからというのではなく、生活（特に集団生活）する上での基本となるものなので、日常の中でそうした意識を持たせるようにしてください。

「立命館小学校」について

〈合格のためのアドバイス〉

当校は、小学校、中学校、高等学校の12年間を発達段階に分けた、４・４・４制による一貫教育の教育システムを導入しています。また、「モジュールタイム」「辞書引き学習法」などの教育プログラムを行っています。その点が高評価を得て、志願者を多く集める難関校の１つとなっています。

面接では、多くの記入欄が設けられた願書の内容から主に質問されています。願書に書いた内容を、「話す」という手段で伝えることが課題とも言えます。記入したこと以外のことも問われる場合もあるようなので、内容を一致させるためには、受験のためということではなく、日頃から保護者としての責任や教育方針などを話し合っておく必要があります。それに基づいた子どもへの教育、躾の実践が大切です。また、面接では保護者が質問されている時の、お子さまの姿勢も観られています。お子さまとも、学習をするということ、面接をするということについて、掘り下げた話し合いをするよう心がけてください。

ペーパーテストは幅広い分野から出題されます。説明を聞く力、理解する力、よく考える力が求められています。説明されたことの意図をすばやく理解し、適切な行動に移せるようになることを目標に、日々の学習を進めてください。そのためには、机上の学習で得た知識を体験・映像資料などで補強することと、考えて行動することを心がけてください。

〈2023年度選考〉

◆ペーパーテスト
◆制作
◆行動観察
◆保護者・志願者面接（考査日前に実施）

◇過去の応募状況

2023年度　非公表
2022年度　非公表
2021年度　非公表

入試のチェックポイント

◇受験番号は…「生年月日順」
◇生まれ月の考慮…「あり」

〈本書掲載分以外の過去問題〉

◆常識：同じ季節のものを選んで、線でつなぐ。[2020年度]
◆推理：３つのヒントに当てはまる動物を選んで○をつける。[2020年度]
◆図形：点線で折った時、左の形がぴったり重なるように、右に形を描く。[2020年度]
◆数量：積み木の数を数えて、その数だけ○を書く。[2020年度]
◆常識：大きくなったら何になるか、選んで○をつける。[2019年度]
◆言語：しりとりでつなげたとき、あてはまる絵を選んで○をつける。[2019年度]
◆推理：シーソーが釣り合うには、イチゴを何個載せればいいか。[2019年度]

洛南高等学校附属小学校
立命館小学校
過去問題集

〈はじめに〉

現在、少子化が叫ばれているにもかかわらず、私立・国立小学校の入学試験には一定の応募者があります。入試は、ただやみくもに学習するだけでは成果を得ることはできません。志望校の過去における出題傾向を研究・把握した上で、練習を進めていくこと、試験までに志願者の不得意分野を克服していくことが必須条件です。そこで、本問題集は小学校を受験される方々に、志望校の出題傾向をより詳しく知って頂くために、出題頻度の高い問題を結集いたしました。最新のデータを含む精選された過去問題集で実力をお付けください。

また、志望校の選択には弊社発行の「**2024年度版　近畿圏・愛知県　国立・私立小学校　進学のてびき（4月下旬刊行予定）**」をぜひ参考になさってください。

〈本書ご使用方法〉

◆出題者は出題前に一度問題を通読し、出題内容などを把握した上で、**〈準備〉**の欄に表記してあるものを用意してから始めてください。
◆お子さまに絵の頁を渡し、出題者が問題文を読む形式で出題してください。問題を読んだ後で、絵の頁を渡す問題もありますのでご注意ください。
◆**「分野」**は、問題の分野を表しています。弊社の問題集の分野に対応していますので、復習の際の目安にお役立てください。
◆一部の描画や工作、常識等の問題については、解答が省略されているものがあります。お子さまの答えが成り立つか、出題者が各自でご判断ください。
◆**〈時間〉**につきましては、目安とお考えください。
◆本文右端の［**○年度**］は、問題の出題年度です。［**2023年度**］は、「2022年の秋に行われた2023年度入学志望者向けの考査で出題された問題」という意味です。
◆**学習のポイント**は、指導の際にご参考にしてください。
◆**【おすすめ問題集】**は各問題の基礎力養成や実力アップにご使用ください。

〈本書ご使用にあたっての注意点〉

◆文中に**この問題の絵は縦に使用してください。**と記載してある問題の絵は縦にしてお使いください。
◆**〈準備〉**の欄で、クレヨン・クーピーペンと表記してある場合は12色程度のものを、画用紙と表記してある場合は白い画用紙をご用意ください。
◆文中に**この問題の絵はありません。**と記載してある問題には絵の頁がありませんので、ご注意ください。なお、問題の絵の右上にある番号が連番でなくても、中央下の頁番号が連番の場合は落丁ではありません。
下記一覧表の●が付いている問題は絵がありません。

問題1	問題2	問題3	問題4	問題5	問題6	問題7	問題8	問題9	問題10
問題11	問題12	問題13	問題14	問題15	問題16	問題17	問題18	問題19	問題20
問題21	問題22	問題23	問題24	問題25	問題26	問題27	問題28	問題29	問題30
					●				
問題31	問題32	問題33	問題34	問題35	問題36	問題37	問題38	問題39	問題40
問題41	問題42	問題43	問題44	問題45	問題46	問題47	問題48	問題49	問題50
	●	●							●

㊢ 先輩ママたちの声！

◆実際に受験をされた方からのアドバイスです。
ぜひ参考にしてください。

洛南高等学校附属小学校

・試験当日、保護者に作文が出されましたが、課題が難しく、時間内に考えをまとめるのは大変でした。ふだんから子どもの教育について、しっかり考えて書き留めておいた方がよいと思います。

・保護者面接には、「なぜ洛南高等学校附属小学校に入学させたいか」というテーマの作文（300字程度）を持参します。事前に学校について調べ、教育方針や一貫教育についてきちんと理解している家庭を求めているのだと感じました。

・きちんと勉強させたつもりでしたが、それでも子どもは「難しかった」と言っていました。試験対策はしっかりとっておいた方がよさそうです。

・ペーパーテストの表紙には、名前の記入欄が４箇所あり、「ひらがな、カタカナ、漢字、英語で書けるところだけ記入してください。１つでも４つでも構いません」という指示があったそうです。

立命館小学校

・親子の関係や家庭での教育理念を具体的に聞かれました。試験対策としてだけでなく、早い段階から子育てに対する話し合いや取り組みをしていて、本当によかったと思いました。

・考査は約４時間近くありました。最後まで集中して取り組むことができるように早めの対策を心がけていたので、心に余裕をもって送り出すことができました。

・試験の分野が幅広いので、子どもがもっと興味を持ってくれるように、いろいろなことを体験させ、学習に結び付けるということを、もっと早い段階からすればよかったと思いました。

〈洛南高等学校附属小学校〉

※問題を始める前に、本書冒頭の「本書ご使用方法」「本書ご使用にあたっての注意点」をご覧ください。
※本校の考査は鉛筆を使用します。間違えた場合は×で訂正し、正しい答えを書くよう指導してください。

**保護者の方は、別紙の「家庭学習ガイド」「合格ためのアドバイス」を先にお読みください。
当校の対策および学習を進めていく上で役立つ内容です。ぜひご覧ください。**

2023年度の最新問題

問題1　分野：記憶（お話の記憶）

〈準備〉　鉛筆、消しゴム

〈問題〉　お話をよく聞いて、後の質問に答えてください。

先生が、子供たちに、「今からロッカーをきれいにしましょう。」と言いました。あまりにも、なおくんのロッカーが汚かったので、先生は、「なおくん、ランドセルの上に体操服と帽子を置いて、ランドセルの右側になわとび、左側に水筒を置いたらいいよ。」と言いました。なおくんのロッカーを見ると、水筒の紐が外に出ていて、ランドセルも開いていて、体操服もロッカーからはみ出ていました。なおくんが、ロッカーを片づけていたら、鉛筆が２本出てきました。なおくんの筆箱には、鉛筆が３本入っていましたが、ロッカーにあった鉛筆も筆箱に入れ直しました。次に、ランドセルをきれいにしていると、ランドセルの中から、太郎くんの帽子が出てきました。太郎くんに帽子を返すと、「ぼく、その帽子をずっと探していたんだ。なんで、なおくんが持ってるの。」とぷんぷん怒り出しました。なおくんは、「太郎くんのロッカーが僕のロッカーの下にあって、僕の帽子と同じものがそこにあったから、名前を見ないで、ランドセルに入れちゃったんだ。」と言いました。太郎くんは、すごく怒っていたので、なおくんは、このことを先生に相談しました。その後、太郎くんと一緒に話をした後、なおくんは、「ごめんね。」と謝り、仲直りをしました。このことで反省したなおくんは、片付けや掃除をしっかりやることにしました。家に帰ったら、お母さんに、お風呂洗いと掃除を頼まれました。お手伝いを一生懸命頑張り、お母さんに褒められました。次の日は、草むしりと皿洗いを頼まれ、段々とお手伝いが楽しくなりました。

（問題１の絵を渡す）
①ロッカーの片付け方で正しいものに○をつけてください。
②太郎君のロッカーのもので、ロッカーの外に出ていたものに○をつけてください。
③ロッカーから出てきた鉛筆の数だけ○を書いてください。
④黒いロッカーは、なおくんのロッカーです。太郎くんのロッカーは、どれですか。○をつけてください。
⑤なおくんが、太郎君の帽子を返した時の太郎君の顔に○をつけてください。
⑥お母さんに頼まれたお手伝いではないものに○をつけてください。

〈時間〉　各15秒

〈解答〉　①右下　②水筒、体操着　③○２つ
④右から２列目の一番下（なおくんのロッカーの下）　⑤左端
⑥右下（野菜を切る）

学習のポイント

この問題は、お子さまにとって難しい内容だと思います。と申し上げるのも、このような設問の内容は、お子さまが意識しづらいためです。そのような点から、イメージがしにくく、聞く力の差がはっきりと表れる問題といえるでしょう。また、お話の中には位置関係、心情、整理整頓など様々な内容が盛り込まれています。このような問題に対する対応は、読み聞かせをしっかりと行うこと、色々なお話の記憶の問題に触れておくことが挙げられます。特にお話の記憶に関する力の伸長は、時間と量が必要です。当校を志望する場合、たくさんの読み聞かせを行い、聞く力、記憶力の強化に努めることをおすすめいたします。また、このお話の記憶の内容は、当校が掲げている考えが表れている内容だと思います。単なるお話の記憶の問題として捉えているのではなく、当校が掲げていることをふまえて捉えることで対策の幅も広がると思います。

【おすすめ問題集】

1話5分の読み聞かせお話集①②、 お話の記憶 初級編・中級編、
Jr.ウォッチャー19「お話の記憶」

問題2 分野：図形（間違い探し）

〈準備〉 鉛筆、消しゴム

〈問題〉 右の絵と左の絵の違うところを3つ見つけて、右の絵の方に○をつけてください。

〈時間〉 1分

〈解答〉 下図参照

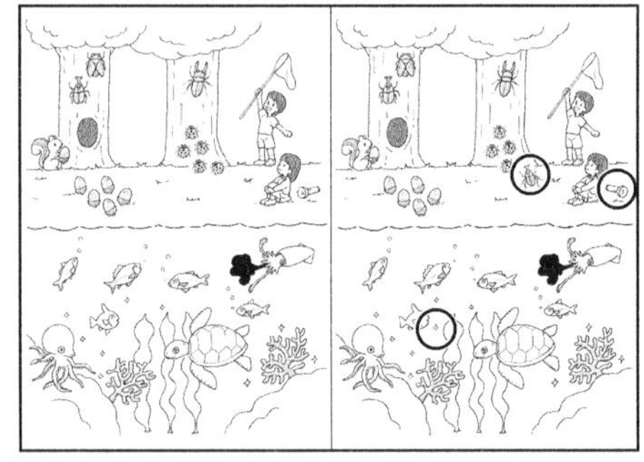

学習のポイント

問題を解いた後、お子さまにどのようにチェックをしたのか、相違点を見つけるためにどのように観ていったのかを確認しましょう。この絵は地上と水中の２つに分けることができます。更に地上は樹の部分と地面の部分と、分けることができます。大局的に分けたあと、お子さまがどの順番で比較をしていったのかを聞いて把握しましょう。この問題に限らず、比較をする問題の代表的な間違えとして、ランダムに観ることでチェックし忘れる場所が出る、効果的に観ていないために時間切れになってしまうことが挙げられます。こうしたミスを減らすために、観る順番を固定化することをおすすめします。観る（比較する）順番を固定化することで、チェックのし忘れを未然に防ぎ、常に慣れた方法で観察することで、時間の短縮につなげます。また、問題をしっかりと聞くことも重要です。この問題は見やすく描かれていますが、違っている箇所は細部に渡っています。お子さまの観察力を突く問題といえるでしょう。

【おすすめ問題集】
Jr.ウォッチャー４「同図形探し」

問題３　分野：位置の移動

〈準備〉　鉛筆、消しゴム

〈問題〉　上の約束を見てください。パンダは、マス1つ分進むことができます。クマは、左に方向を変え、ウサギは右に方向を変えます。ネズミがチーズのところまで行くための道が上に書いてあります。では、下の「？」のところにどの動物がいると、ネズミが、チーズまで行くことができますか。正しいものに○をつけてください。

〈時間〉　30秒

〈解答〉　①中央　②左端

学習のポイント

このように進行方向が変わる問題は、頭の中で混乱してしまうことがよくあります。この問題では「戻る」動作はありませんが、マス目の移動では、進行方向が逆になる（手前に戻ってくる）ことがよくあります。そうなると、進行方向から見た左右と、手前から見た左右とでは逆になります。この問題の復習をする際、こうしたことも一緒に教えるとよいでしょう。この問題は、自分をネズミに置き換えて考えるとときやすいと思います。紙面上で論理的に考えても、頭の中で混乱してしまいます。一度、混乱してしまうと、その後も引きずってしまいますから、極力、混乱しない方法で解くことが望ましいということになります。それが、ネズミを自分に置き換えて自分が紙面上を動くことと言うことになります。この方法を用いると、手前に戻る移動も、左右混乱することなく対応が可能になります。

【おすすめ問題集】
Jr.ウォッチャー47「座標の移動」

問題4 分野：言語・推理

〈準備〉 鉛筆、消しゴム

〈問題〉 この絵は、あるお約束の通りに並んでいます。「？」に入るものを、それぞれの枠の中の絵から探して、○をつけてください。

〈時間〉 1分

〈解答〉 下図参照

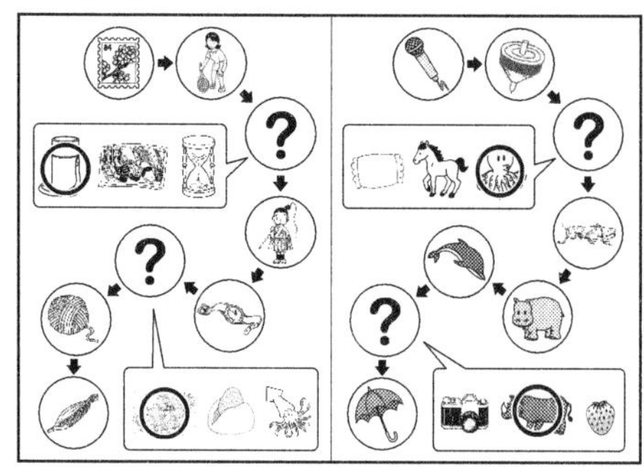

学習のポイント

左の問題は、しりとりだとすぐに気付くと思いますが、その思考に固執してしまうと、右の問題は、困難になります。恐らく、保護者の方も、頭を捻った方が多いと思います。最初の部分を例に説明します。右の問題は、前の絵の最初の音が、次の絵の名前の最後の音と同じになっています。最初の絵は「マイク」です。この最初の『マ』が、次の絵の最後の音と同じになります。「『マ』・イ・ク」→「コ・『マ』」という感じです。この約束に従って次に来る絵を考えると、前の絵が『コ』で始まるので、最後の音は『コ』で終わるものになります。よって「タ・『コ』」になります。それぞれの名前を声に出すことで、ルールが見えて来ると思います。ただ、実際の入試では声に出して考えることはできませんから、頭の中の声に変えて考えるようにしましょう。いずれにしろ、全ての名称を知っていることが必要です。

【おすすめ問題集】

Jr.ウォッチャー17「言葉の音遊び」、18「いろいろな言葉」、
60「言葉の（おん）」

家庭学習のコツ①　「先輩ママのアドバイス」を読みましょう！

本書冒頭の「先輩ママのアドバイス」には、実際に試験を経験された方の貴重なお話が掲載されています。対策学習への取り組み方だけでなく、試験場の雰囲気や会場での過ごし方、お子さまの健康管理、家庭学習の方法など、さまざまなことがらについてのアドバイスもあります。先輩ママの体験談、アドバイスに学び、ステップアップを図りましょう！

問題5　分野：置き換え・座標・運筆

〈準備〉　鉛筆、消しゴム

〈問題〉　上の四角の中に、お約束が描いてあります。左のマスに描いてある記号を、上のお約束どおりに右側に書き替えてください。

〈時間〉　1分

〈解答〉　下図参照

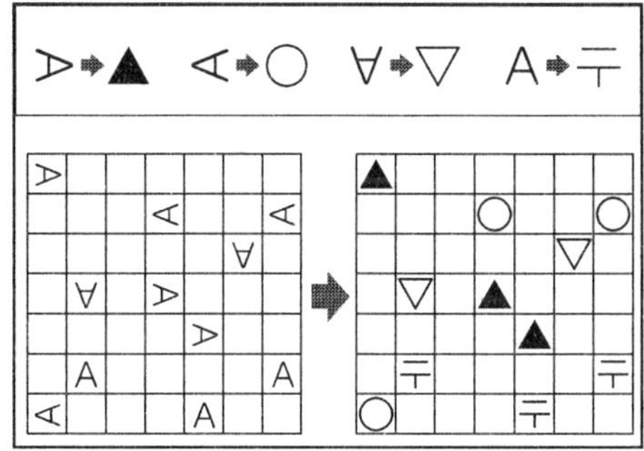

学習のポイント

この問題を解くには、お約束の理解、位置の把握、運筆力、作業力が求められます。先ずは置き換えのルールをしっかりと把握しましょう。一番右端は記号ではなく、郵便番号のマークになっています。この点をしっかりと理解して対応できていたでしょうか。次に位置の把握が正しくできていないと、誤答の可能性が高くなりますし、対応する際のスピードも落ちてしまいます。そして、正しく、素早く描く運筆力と、多くの力を総合的にまとめて対応しなければなりません。このような問題は、一段一段（一列一列でも可）処理をしていく方法でも構いませんし、ある記号だけ、限定して対応しても構いません。可能なら、前者を先に修得した後、後者の対応ができるようになるとよいでしょう。基本的な力を習得した後、処理速度を上げるということです。記号を塗りつぶすときも、きちんと塗れているかもチェックしましょう。

【おすすめ問題集】
Jr.ウォッチャー57「置き換え」

問題6　分野：図形（展開図）

〈準備〉　鉛筆、消しゴム

〈問題〉　組み立てると、サイコロの形になるものに○をつけてください。

〈時間〉　30秒

〈解答〉　右上

学習のポイント

立方体の展開ですが、展開の問題としては基本的なものとなります。とは申すものの、展開図の組み立てを言葉で説明して理解させるのは困難だと思います。先ずは、実際に切って組み立ててみましょう。実際の作業をすることで、相対する面と面の関係性がわかってくるかと思います。分かった後は、実際に展開図を作ってみましょう。法則が分かると、後は色々なアレンジをすることで幾つもの展開図を作ることが出来ます。その後、実際に切り、きちんと組み立てられるか確認をします。こうした作業を繰り返し行う事で、空間認識力がついてきます。最初は基本的な展開図ばかりだと思いますが、理解が深まるにつれ、面白い展開図が描けるようになりますし、色々な立体の展開図も描けるようになります。学習として行うよりも、知識の習得、楽しみとして行う方が修得のよくなると思います。展開図を組み立てる際、ハサミを使用しますが、ゴミや刃物の使い方も一緒に学びましょう。

【おすすめ問題集】

Jr.ウォッチャー54「図形の構成」

問題7　分野：積み木の数

〈準 備〉　鉛筆、消しゴム

〈問 題〉　積み木が一番多く使われているものに○をつけてください。

〈時 間〉　1分

〈解 答〉　①左から2番目　②右から2番目

学習のポイント

先ずは、シンプルに考えましょう。積み木の数の問題は、使用されている積み木を正しく数えられる、他のものと比較がすることができることが求められます。間違える場合の多くは、隠れている積み木を把握し、正しく数えることができていない時に起こります。正しく数えることができれば、あとは構成している積み木の数や形の違いになります。この基本が修得できていれば、後は学習量を増やすことで力は伸びてきます。先ずは、積み木の基本形として、上下４つずつ、計８個で構成する立方体をしっかりと把握しましょう。基本形をしっかり把握すると、比較が楽になります。積み木の形が違っても、移動させることで基本形と幾つ違うのかで直ぐ分かります。下の問題は、形を変形させると数えやすくなります。例えば右から2番目の積み木は、上に飛び出ている１つを左隣の１つだけある積み木の上に、右手前の２つ積まれているものを左手前の空いているところに移動させると、基本形ができあがります。残された積み木は３つありますから、基本形の８個と残された積み木３個で11個と直ぐに分かります。

【おすすめ問題集】

Jr.ウォッチャー14「数える」、16「積み木」

問題8 分野：図形（構成・重ね図形）

〈準 備〉 鉛筆、消しゴム

〈問 題〉 ①この形は、左の三角形を何枚使ってできていますか。その数だけ右の四角に○を書いてください。
②左の絵の一番下になっている形に○をつけてください。
③左には、透明な板に書かれた３枚の絵があります。この絵をそのまま３枚重ねると、どうなりますか。右から選んで○をつけてください。
④左には、透明な板に書かれた３枚の絵があります。この絵をそのまま３枚重ねると、どうなりますか。右から選んで○をつけてください。

〈時 間〉 各20秒

〈解 答〉 ①○４つ ②中央 ③右端 ④右端

学習のポイント

空間認識力を総合的に観ることができる問題構成といえるでしょう。これらの３問を見て、どの問題もすんなりと解くことができたでしょうか。当校の入試は、基本問題は確実に解き、難問をどれだけ正解するかで合格が近づいてきます。その観点からいうなら、この問題は全問正解したい問題に入ります。この問題も、お子さま自身に答え合わせをさせることをおすすめいたします。自分で実際に確認することでどのようになっているのか把握することが可能で、理解度が上がります。実際に操作したとき、どうなっているのか。何処がポイントになるのかなど、質問をすると、答えることが確認作業になるため、知識の習得につながります。形や条件を変え、色々な問題にチャレンジしてみましょう。

【おすすめ問題集】
Jr.ウォッチャー45「図形分割」

問題9 分野：図形（構成）

〈準 備〉 鉛筆、消しゴム

〈問 題〉 左の形を作るために必要な形を２つ探して、○をつけてください。

〈時 間〉 45秒

〈解 答〉 下図参照

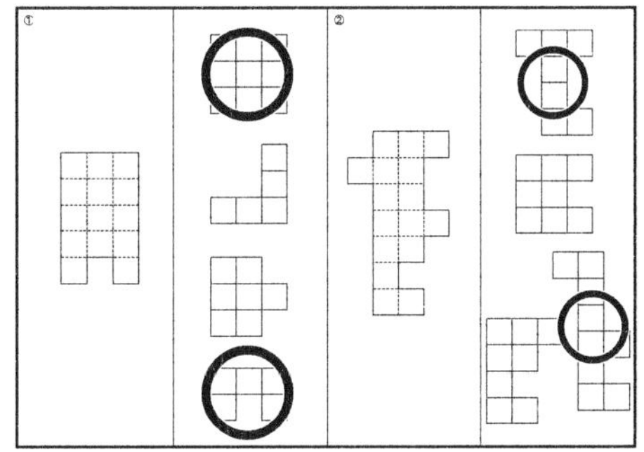

今度は、別の形による構成の問題です。このような問題は、まずは、選択肢の中の一番大きい形をあてはめていきます。あてはめていく場所は、形の特徴をとらえ、当てはまる場所を見つけましょう。形によっては、数カ所に当てはめることができますが、これは、練習を重ねて学んでいきましょう。そして、その大きい形をあてはめた状態で、他の選択肢があてはまるかを考えます。すると、残りの選択肢が絞りやすくなります。しかし、全てがそうなるとは限りません。どうしても他の形をあてはめることができない場合、最初にあてはめた形を解答から除外します。このやり方を繰り返すことにより、回答を見つけられます。また、当てはめる際、大きさもさることながら、形の特徴を観察し、一致するものをはめてみる方法もあります。色々な方法を試していくうちに、図形の合成を測ることができてきます。

【おすすめ問題集】
Jr.ウォッチャー45「図形分割」、54「図形の構成」

問題10　分野：推理（ブラックボックス）

〈準備〉　鉛筆、消しゴム

〈問題〉　上のお約束を見てください。○・☆・♡を通ると三角の模様が変わります。この時、途中の四角にはどの印が入りますか。その印を四角の中に描いてください。

〈解答〉　①○　②♡

〈時間〉　1分

一番大切なことは、お約束を見て、どのようなルールで変わっていっているのかを見定めることが重要です。これを正確に理解できていないと、正解を出すことは困難です。この問題の約束は、○印を通ると形が左回転し、♡印を通ると形は右回転します。そして、☆印を通ると白と黒が反転します。これがきちんと理解できていれば、後は順番に形を変えていけばいいだけです。このような問題は数の増減を利用した出題をよく見かけますが、数が変化するのと形が変化する違いであり、根本的な部分では考え方は同じです。このような論理的思考力を必要とする問題を解く場合、落ち着いて取り組むことが大切です。慌てて取り組んだり、別のことを考えながら取り組んだりすると、頭の中が混乱し、訳が分からなくなってしまいます。そうならないためにも落ち着いて取り組むようにしましょう。後は、約束に当てはめて形を変化させていくだけです。考え込んで取り組むよりも楽しんで取り組んだ方が正答率は上がると思います。

【おすすめ問題集】
Jr.ウォッチャー32「ブラックボックス」

問題11　分野：図形（点図形）・推理

〈準 備〉　鉛筆、消しゴム

〈問 題〉　上のお手本を見てください。２枚の絵のお約束を見つけて、同じように下の問題を解きましょう。

〈解 答〉　下図参照

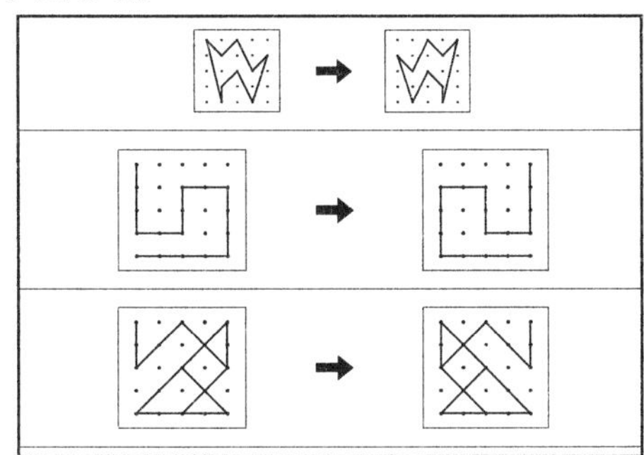

〈時 間〉　適宜

学習のポイント

問題の具体的な提示はありませんが、ペーパー問題に取り組んだ経験のあるお子さんであれば、鏡図形のように反転していることが分かると思います。この関係性が把握できれば、後はそのルールにそって線を書くだけです。しかし、例題を一見すると模写だと思い込んでしまうお子さまもいると思います。お子さまがきちんと理解したうえで解いているのか、あやふやなのかを見分けることは大切です。その場合、書き始めの位置を何処に定めたのかをきちんと確認してください。自信があるお子さまの場合、書き始める位置に自信を持って鉛筆を置くと思いますが、そうでない場合はそうはいきません。他にも、線は真っ直ぐ書かれているか。点と点をしっかりと通っているか。位置がずれていないかなど、確認すべきことが幾つかあります。

【おすすめ問題集】
Jr.ウォッチャー１「点図形」、48「鏡図形」

問題12　分野：数量

〈準 備〉　鉛筆、消しゴム

〈問 題〉　それぞれの数を数えて、その数だけ○を書いてください。

〈解 答〉　①４つ　②２つ　③３つ

〈時 間〉　30秒

学習のポイント

この問題は、処理スピードと正確性を見る問題です。同じマークがたくさん並んでいる絵を見る際、集中力を欠き、漠然と眺めたらどうでしょう。恐らく、他のマークを見過ごしてしまうでしょう。このようなことは、入学後の学習にも影響を及ぼしてしまいます。確かに、一つひとつをじっくり見ることも大切ですが、何でもじっくり取り組めばよいというものではありません。中にはスピード、素早い反応も求められることもあります。この問題はその２つを同時に求められる問題であるということです。この問題の対策は、スピードと正確性を分けて取り組むことをおすすめします。先ずは正確性です。四隅までしっかりと確認することを習慣づけてください。その上で、ただスピードを求めることを生活の中で、遊びを通して取り入れます。例えば、トランプを順番に並べる競争。かたづける時間を計るなどです。こうしたスピードを意識したことをした直後に、この問題を行う事で自然とスピードは早くなります。このように、力を付けるためにバラバラに取り組むことも有効であることを知っておくとよいでしょう。

【おすすめ問題集】

Jr.ウォッチャー14「数える」、37「選んで数える」

問題13　分野：数量

〈準　備〉　鉛筆、消しゴム

〈問　題〉　①の絵を見てください。女の子が風船を持っています。風が吹いてきて、半分飛ばされてしまいました。残った風船はいくつですか。その数だけ○を書いてください。
②の絵を見てください。1本の串に、お団子が３つ刺さっています。串が3本ある時、お団子はいくつありますか。その数だけ○を書いてください。
③お父さんは、エビフライを13本揚げました。1本だけ味見をして食べた後、家族4人で同じ数になるように分けました。エビフライは、1人何本になりますか。その数だけ○を書いてください。

〈解　答〉　①６つ　②９つ　③３つ

〈時　間〉　30秒

学習のポイント

この問題は数の操作の問題ですが、数の操作として考えさせるよりも、生活体験になぞらえて頭の中でイメージをさせると正答を簡単に導けると思います。そのためには、出題された内容をしっかりと覚えることが求められます。更に分析をしていくと、ここでも読み聞かせが大きく影響していることが分かると思います。当校では、志願される方に対して読み聞かせを強く推奨しています。それだけ、入学後の学習に読み聞かせによって培われる力が必要だという表れでもあります。実際、この問題は数の操作であり、算数の問題に直結しますが、文章題ととられて考えれば、出題内容音のイメージ化、理解は必要不可欠となります。試験対策としては、正答を求めることに集中してしまうと思いますが、単に正解を求めることだけに走るのではなく、当校が行っている授業スタイル、求めている力をしっかりと理解し、対策をとることを強くおすすめいたします。

【おすすめ問題集】

Jr.ウォッチャー14「数える」、40「数を分ける」

問題14　分野：数量

〈準備〉　鉛筆、消しゴム

〈問題〉　それぞれの四角の中に描かれてある形を数え、多い方の形を多い数だけ下の四角の中に書いてください。

〈解答〉　①△３つ　②○２つ

〈時間〉　30秒

学習のポイント

この問題の学習は、それぞれの数を数えて比較をする方法が基本となります。この基本がしっかりと身に付いたら、次に素早い解答の見つけ方にチャレンジしてみましょう。その方法は、２つの形を対にしていく方法です。対にして余ったものが多いものと言うことになります。なら、最初からこの方法を用いればと思われる方もいますが、基本が出来た上でないと、特に、数に関する内容の場合、入学後の授業に影響を及ぼしてしまいます。数を数える際、保護者の方はお子さまがいつも順番（方向性）で数えているかもチェックしましょう。見る方向の習慣性は他の問題にも関係してきます。総合的に問題を解く力を得るためにも、こうしたチェックも大切になってきます。

【おすすめ問題集】
Jr.ウォッチャー14「数える」、37「選んで数える」

問題15　分野：推理

〈準備〉　鉛筆、消しゴム

〈問題〉　上の見本を見てください。動物の絵が描いてある積み木があります。この積み木の上にイノシシの積み木を置と、イヌは逃げていき、イヌの積み木は消えます。イヌが消えた後の積み木を前から見た形が、右端の絵になります。同じように、下の2つの積み木は、前から見たらどのようになるかを選び、○をつけてください。

〈解答〉　①左から2番目　②左から２番目

〈時間〉　１分

家庭学習のコツ②　「家庭学習ガイド」はママの味方！

問題演習を始める前に、試験の概要をまとめた「家庭学習ガイド（本書カラーページに掲載）」を読みましょう。「家庭学習ガイド」には、応募者数や試験課目の詳細のほか、学習を進める上で重要な情報が掲載されています。それらの情報で入試の傾向をつかみ、学習の方針を立ててから、対策学習を始めてください。

学習のポイント

説明をしっかりと聞き理解していれば、両問とも正解できる問題です。このような確実に点数の取れる問題は、確実に正解できるようにしておきましょう。出題では丁寧な説明をされますが、この説明を正しく理解し、対応しなければなりません。こうした力を確認するには、説明や指示された内容を要約させれば分かります。この問題では、イノシシが積み木の上に置かれると、そこに積まれていた犬の積み木が全て取り除かれます。言い換えれば、イノシシが増え、イヌの積み木がなくなるということです。積み木が無くなれば上の積み木が下がりますから、下がった後の形がどうなるかを考えます。これが基本的な知識になります。問題を行っていけば、イヌの積み木があった場所は、幾つの積み木になるのかを考えれば解答は出るとわかると思います。このような問題は、論理的に理解ができているか否かが大切になります。

【おすすめ問題集】

Jr.ウォッチャー16「積み木」、10「四方からの観察」
53「四方からの観察 積み木」

問題16 分野：推理

〈準 備〉 鉛筆、消しゴム

〈問 題〉 矢印のところから風船に向けて、矢を飛ばします。矢は、まっすぐに進みます。割れない風船に○をつけてください。

〈解 答〉 下図参照

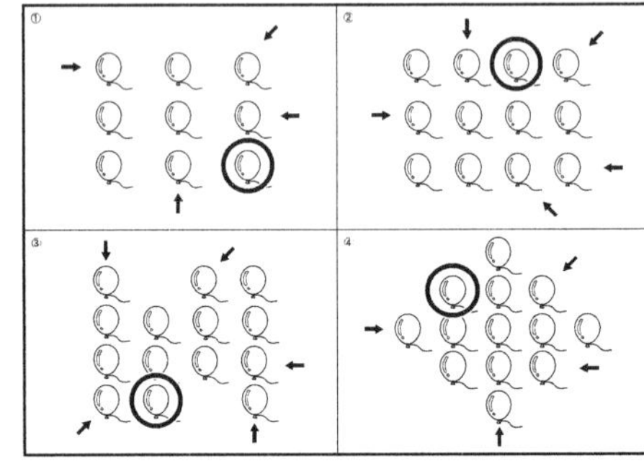

〈時 間〉 1分

学習のポイント

この問題は、筆記用具で、矢印の方向に直線を引いていけば、残ったものが解答になります。このように理解しているお子さまにとっては簡単で、イメージがしやすい問題と言えるでしょう。しかし、矢を飛ばすと出題されたとき、矢が何か、どのように飛ぶのかが分からないと、解き方がイメージしにくいと思います。このような場合、ストローと竹籤などを使用し、即席の吹き矢をつくり、実際に飛ばしてみましょう。具体的に行うことでイメージがしやすくなるとできると思います。問題を見ると、必ずしも各列や段に同じ数の風船が並んでいるわけではありません。ですから、並んでいる形状に惑わされず、解いていきましょう。この問題も確実に正解を取りたい問題の１つといえるでしょう。

【おすすめ問題集】

Jr.ウォッチャー1「点・点図形」

問題17　分野：推理思考

〈準備〉　鉛筆、消しゴム

〈問題〉　上の四角を見てください。チョキの次はグー、パーの次はチョキ、グーの次はパーと、次に進む印が書いてあります。
このお約束を守って、下の絵の左上の矢印から右下のゴールまで進んでください。ただし、斜めには進むことができません。また、ゴールまで行ったとき、通らなかったパーの数だけ下の四角に○を書いてください。

〈解答〉　下図参照

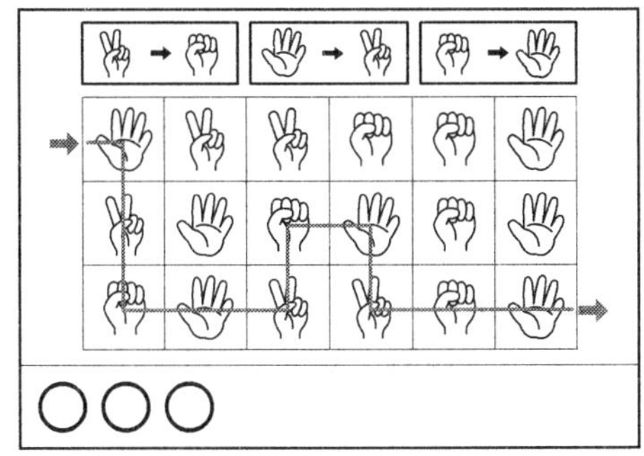

〈時間〉　1分

学習のポイント

複数の指示が出されていますが、しっかりと聞いて遵守できたでしょうか。この問題のように複数の指示をまとめてされる問題はよくあります。この問題は、約束を見たときに、進む方向がじゃんけんで勝つものになっていることに気がつけたでしょうか。一つひとつ見ながら取り組むのとでは処理スピードが大きく違います。進む条件が発見できたお子さまの場合、あとは、ゴールまで勝つようにじゃんけんができます。その後、通らなかったパーを数え、解答することにすんなりと進めたのではないでしょうか。実際に問題を解いた場合、一つひとつ条件を確認して取り組むのは時間をロスしてしまいます。このようなことに気がつけるようにしましょう。そのためには、1つのことだけに集中してしまうのではなく、言われたこと全体を理解するように、普段から心がけるとよいでしょう。

【おすすめ問題集】
　Jr.ウォッチャー57「置き換え」

家庭学習のコツ③　効果的な学習方法～問題集を通読する

過去問題集を始めるにあたり、いきなり問題に取り組んではいませんか？　それでは本書を有効活用しているとは言えません。まず、保護者の方が、すべてを一通り読み、当校の傾向、ポイント、問題のアドバイスを頭に入れてください。そうすることにより、保護者の方の指導力がアップします。また、日常生活のさまざまなことから、保護者の方自身が「作問」することができるようになっていきます。

問題18　分野：常識

〈準 備〉　鉛筆、消しゴム

〈問 題〉　いけないことをしている人に○をつけてください。

〈解 答〉　下図参照

〈時 間〉　1分

学習のポイント

このような常識に関する内容は、当校も大切にしていることの1つです。このような問題に対しては、一つひとつがどうかと教えていくときりがありません。日常生活を通して、相手の立場に立ってものを考える、周りの迷惑になることはしないなど、大きなくくりとしてお子さまに指導しましょう。過去に取材をした際、学校側は、このような躾に関する内容は、お子さまもさることながら、保護者の方の躾力の問題でもある。子どもを育てる中、善悪の判断、周りの人への配慮などは、人と関わる以上、必要不可欠。これが身に付いていないとよりよい集団生活はできないとおっしゃっていました。保護者の方ができていなければ、子どももできていないと思います。とも話されていました。解答後、どうしていけないのかもきちんと聞き取りましょう。

【おすすめ問題集】
　Jr.ウォッチャー－56「マナーとルール」

問題19　分野：常識

〈準 備〉　鉛筆、消しゴム

〈問 題〉　それぞれの四角の中を見てください。全員が正しく電車に乗っているのはどれですか。その絵を見つけて○をつけてください。

〈解 答〉　右上

〈時 間〉　15秒

学習のポイント

この問題も常識分野の問題です。多くのお子さまは入学後、電車を利用しての通学となるため、正しい乗車マナーが求められます。普段、電車に乗るときから、守らなければならないことを意識して乗車するようにしましょう。また、問題は４択になっていましたが、この問題に限らず、車内でしてはいけないこと、注意すること、するとよいことなどがしっかりと理解できているかも話をするとよいでしょう。立っている人がいるのに荷物を座っている横に置くこと、車内でのスマートフォンの扱い、大声での会話、足の開きすぎなども含まれます。保護者の方に特に気をつけていただきたいことは、お年寄りや身体の不自由な方を見かけた際、率先して席を譲る規範意識を持っていただくことです。お子さまは、その様なことを見て、多くのことを学んでいきます。

【おすすめ問題集】

Jr.ウォッチャー56「マナーとルール」

問題20　分野：言語

〈準備〉　鉛筆、消しゴム

〈問題〉　①この絵を見て、正しいことを言っている動物に○をつけてください。
・ウサギは、「岩がコロコロと転がっているわ。」と言いました。
・イヌは、「岩がゴロゴロと転がっているね。」と言いました。
・パンダは、「岩がのっそりと転がっているね。」と言いました。
・ライオンは、「岩がひらひらと転がっているよ。」と言いました。
②この男の子の顔を見て、正しいことを言っている動物に○をつけてください。
・ウサギは、「目がギラギラと輝いている。」と言いました。
・イヌは、「目がひらひらと輝いている。」と言いました。
・パンダは、「目がキラキラと輝いている。」と言いました。
・ライオンは、「目がパラパラと輝いている。」と言いました。
③この絵を見て、動物たちが言いました。正しいことを言っている動物に○をつけてください。
・ウサギは、「雨がスラスラと降っている。」と言いました。
・イヌは、「雨がしとしと降っている。」と言いました。
・パンダは、「雨がザーザー降っている。」と言いました。
・ライオンは、「雨がばらばら降っている。」と言いました。

〈解答〉　①イヌ　②パンダ　③パンダ

〈時間〉　15秒

学習のポイント

日本語は奥が深く、雨が降っている状態ひとつをとっても、「ザーザー」「しとしと」「ぽつぽつ」「じとじと」など、色々な言い方があります。これらは、日々の生活の何気ない会話の中に多く存在しており、言葉だけを教えようとしても、お子さまはなかなか理解できません。雨の時、「雨が降っているね。」だけで終わらせず、どのように降っているのかも会話の中に入れるように意識するとよいでしょう。こうしたことは雨に限らず、人の表情、自然現象など、多岐にわたっています。言葉に興味を持つと、お子さまの語彙力もアップしてきます。言葉遊びとして色々な言葉を集めてみてはいかがでしょう。語彙力がアップしてくると、感性も豊かになってきます。感性が豊かになると、表現力もアップします。このように、色々なことによい影響が波及してきます。

【おすすめ問題集】

Jr.ウォッチャー17・「言葉の音遊び」、18「いろいろな言葉」

問題21　分野：言語

〈準備〉　鉛筆、消しゴム

〈問題〉　①の絵を見てください。男の子が駅のホームで、お母さんとはぐれてしまい、どうしてよいのかわからずに泣いています。正しい言葉がけをしているのは、どの人ですか。○をつけてください。
- 男の子：大丈夫？駅員さんのところへ一緒に行こう。
- 女の子：お母さんと手をつないでいないから、はぐれてしまったのよ。
- おじいさん：改札は、ここをまっすぐ行ったところにあるよ。
- おばあさん：こんなところで泣いていたらだめだよ。

②男の子が、勉強がわからなくなって困っています。嬉しい気持ちになる声かけをしているのはどの人ですか。○をつけてください。
- 男の子：わぁ。良かったね。僕は先に遊びに行くね。
- 女の子：大丈夫。一緒に考えよう。
- おじいさん：君には難しすぎるよ。
- おばあさん：ちゃんと聞かないからだよ。

〈解答〉　①左端（男の子）　②左から２番目（女の子）

〈時間〉　15秒

学習のポイント

この答え合わせをする前に、相手の気持ちがどうであるかを質問してみましょう。この時点で相手の気持ちをきちんと理解していないと本当の意味での正解とは言えません。この問題はペーパーテストとして出題されましたが、もし、入試本番の行動観察などの時に、困ったお友達がいたら、お子さまはどのように行動するでしょう。何か発生したとき、学校は、当事者だけを見ているのではありません。周りにいる子ども達も、どのように反応したのかも観ています。学校側は、「近年、我関せずの子どもが多く、人に関心を持てない子どもが増えている。それは子どもだけでなく、保護者の方にも当てはまることです。入試といえども人と人との関わりの場でもあります。テストだからではなく、普段できていないことは入試においてもできません。」と述べていました。

【おすすめ問題集】

小学校受験に関する保護者の悩みQ＆A、Jr.ウォッチャー21「お話作り」
29「行動観察」、30「生活習慣」

問題22　分野：言語

〈準備〉　鉛筆、消しゴム

〈問題〉　これから言う言葉は、どんな表情で言っていると思いますか。○をつけてください。
①電車の中で他のお客さんから怒られてしまい、「ごめんなさい。」と言いました。
②「わざとじゃなかったんだよね。大丈夫だよ。」と言いました。

〈解答〉　①左から２番目　②左端

〈時間〉　15秒

学習のポイント

この問題も、ご家庭の教育環境を反映させる問題です。挨拶、謝罪、感謝などの言葉は、人間関係の始まりであり、関係性を良好にします。こうした言葉は先ずは、家庭内でする環境を整えていただきたいと思います。と申しますのは、こうした行動は、口先だけでは意味がありません。相手の顔を見て、はっきりと、最後まで伝えることが大切です。お子さまができない場合、お子さまだけに原因があるのではないと思います。いつも注意をしていると思っていても、行動に関することは一朝一夕には修正はできません。根気よく、繰り返し行う必要があります。挨拶が口癖になるまで言うようにしてみてはいかがでしょう。わざとではなく偶然のトラブルもあります。時には自分がしてしまった側になることもありますが、その様なとき、直ぐに「ごめんね。大丈夫」と言えるようになって欲しいと思います。逆にされてしまったとき、相手から謝罪をされたら、「お互い様の精神、寛容な心」で許せる人間に育って欲しいと思います。

【おすすめ問題集】

新 口頭試問問題集

問題23　分野：常識

〈準備〉　鉛筆、消しゴム

〈問題〉　①の絵を見てください。扇風機にスイッチを入れたら、どうなりますか。正しい絵に○をつけてください。

今から鳴き声が聞こえてきます。
②（音声「スズメの鳴き声」）
　どの鳥の鳴き声でしたか。○をつけてください。
③（音声「カラスの鳴き声」）
　どの鳥の鳴き声でしたか。○をつけてください。
④（音声「うぐいすの鳴き声」）
　どの鳥の鳴き声でしたか。○をつけてください。

〈解答〉　①左端　②右から2番目　③左から2番目　④左端に○

〈時間〉　15秒

学習のポイント

こうした問題の出題意図を考えたことがありますか。知識として、どうやって学習すれば良いのかという点に、意識がいってしまうと思います。実は、当校の入試では、生活体験を積んで欲しい、生活において様々なことに関心を持ってもらいたいという想いも込めて作問が行われています。過去の問題を振り返っていただくとそう言われればと思う出題があったと思います。知識として身につけて欲しいから出題したのではなく、問題、学習を通して興味、関心を持ってもらいたいと考えての出題です。過去に、氷の溶ける様子について出題がありましたが、それもこの問題と意図は同じです。「氷って、どうなっていくのかな。」という興味を持ち、知ることで知識になっていく。興味関心が旺盛なお子さまは、学びについて、知識を得ることについて貪欲になるからです。それが入学後の学力の向上につながるため、このような出題をしていることを知っておくとよいでしょう。

【おすすめ問題集】
　苦手克服問題集 常識、新 ノンペーパーテスト問題集

問題24　分野：行動観察（15人１グループ）

〈準備〉　なし

〈問題〉　①「座って待機するときは、それぞれの緑色のテープに三角座り（体育座り、またはお山座りとも言います。）します。呼ばれた人は、丸いテープの中に入ります。次の人は、その後ろの四角いテープの中で立って待ちます。
②緑色の長い線の上を歩きます。向こう側にある青色の線まで行ったら、終わった順に、元の四角いテープの後ろに座って待ちます。
③次に、先生の方を向いて、ギャロップをします。青い線まで行ったら、そのままの向きで、丸いテープまでギャロップで戻ってきます。
④ケンケンをします。緑色の線の途中にある黄色い目印まで来たら、足を入れ替えます。青色の線まで行ったら、元の自分の座っていた場所に戻ります。
⑤ケンケンパーをします。ケンケンは、左足から始めて、次は右足でケンケンパー、その次は左足でケンケンパーと繰り返します。青色の線まで行ったら、元の自分の席まで戻ります。

〈解答〉　適宜

〈時間〉　15秒

学習のポイント

この出題についてですが、みなさんは簡単と思いましたか。それとも難しいと感じたでしょうか。弊社としてこの問題は難しいととらえています。それは、待っている時の態度でかなりの差が生じたと推測しているからです。コロナ禍の生活において「じっと待つ」ことが生活の中にどれぐらいあるでしょうか。　行動をしたあと待つ、また行動して待つ、この繰り返しはお子さまの切り替えと、集中力の維持、そして自制心の継続を必要とします。昨今のお子さまが最も苦手とする点を突いた出題と言えるでしょう。また、この「待つこと」についてチェックをされることは、大きな減点もしくは不合格につながるほどのチェックと受け取ってください。その理由は、自制の利かない、集中力が持続できないことは、直接、授業に影響を及ぼすからです。運動テストというと、実技に目が行きがちですが、それ以外の内容で大きな差がついていることを知っておいてください。今回出題された動作の一つひとつは、どれも基本動作の部類に入り、小学校の入試ではよく見られます。

【おすすめ問題集】
新 運動テスト問題集、Jr.ウォッチャー28「運動」

2022年度の過去問題

問題25　分野：記憶（お話の記憶）

〈準備〉　鉛筆、消しゴム

〈問題〉　**この問題の絵は縦に使用してください。**
お話をよく聞いて、後の質問に答えてください。

今日は、みかちゃんと、お母さんと、友達のゆう君とゆう君のお母さんの４人で、お祭りに行きました。ゆう君たちとは夜の７時に公園で会う約束をしていました。出かけるときにおばあちゃんに「お祭りへ行く前に、はがきを出してちょうだい」と頼まれたので、ポストにはがきを出してから公園へ行きました。６時55分に公園に着くと、もう、ゆう君たちは待っていました。みかちゃんは、「ゆう君早いね」と言うと、ゆう君は「５分前行動が大切だよね」と言いました。４人でお祭りをしている小学校へ向かいました。小学校に着くと、たくさんのお店が並んでいました。みかちゃんもゆう君もワクワクです。まず、はじめに２人でヨウヨウつりをしました。ゆう君は３個取りましたが、みかちゃんは糸が切れてしまい１個も取れませんでした。みかちゃんが悲しそうにしていたら、ゆう君が水色のヨーヨーを1つくれました。みかちゃんはうれしくて「ありがとう」とお礼を言いました。そして次は、違うお店に行き、輪投げをして遊び、おうちで食べる綿菓子を買いました。２人はお腹がすいてきたので、食べ物を売っているお店まで走りました。お母さんに「危ないから走っちゃだめよ」と注意をされました。２人はお互いに食べたいものを買ってから、テントで食べることにしました。みかちゃんは、たこ焼きを買うことにしました。「たこ焼きをください」というと、お店の人が「８個入りと、６個入りがありますが、どちらにしますか」と聞きました。「８個入りをください」といいました。みかちゃんは、たこ焼きを食べようと、急いでテントに戻りました。ベンチに座っていると、ゆう君がやってきました。みかちゃんが「なにを買ってきたの」と聞くと「焼きそばと焼きとうもろこしだよ」と答えました。「えー、どこで売ってたの」と聞くと、「入り口を入ってすぐ左に焼きそば屋さんがあったでしょう。そこから奥へ５つ行ったところだよ」と教えてくれました。みかちゃんはお母さんとたこ焼きを半分ずつ食べました。運動場ではお父さんが太鼓をたたいていました。お友達に誘われて、みかちゃんもゆう君もみんなと一緒に太鼓に合わせて踊りました。８時半になったので、お母さんに「もう帰りましょう」といわれ、来年もまた来ることにして、みんなでおうちへ帰ることにしました。

（問題25の絵を渡す）
①みかちゃんとゆう君が会ったときの外の様子はどうでしたか。選んで○をつけてください。
②みかちゃんがお祭りに行くときに持っていたものはなんですか。選んで○をつけてください。
③みかちゃんとゆう君が、食べものを買う前にやったことはなんですか。選んで○をつけてください。
④みかちゃんが食べたたこ焼きの数を、○で書いてください。
⑤焼きそば屋のあったところはどこですか。○をつけてください。

〈解答〉　①右から２番目（夕方）　②左端（はがき）
③左から２番目（輪投げ）、右端（綿菓子）④４つ　⑤左から６つ目

〈時間〉　各15秒

学習のポイント

お話の内容、量、共に、特別難しいものではありません。しかし、設問を見ると、設問③以降において、力のあるお子さまと、そうでないお子さまとで、差が生じる問題だと感じます。お話の記憶の問題をしていると、ここが出てきそうだという箇所があると思います。たとえば、数、色、登場人物、順番などですが、設問③以降は、そのような内容ではなく、うっかり聞き流してしまいそうな部分を質問しています。そのため、差が生じるのです。しっかりと細部まで聞いていないと記憶に残っていないからです。こうした問題の対策としては、読み聞かせの量を増やし、その上で問題を解くことですが、問題を解く際も、当校の設問のように、あまり記憶に残らないような内容を質問してみてください。また、お店の場所についても、しっかりと把握ができていたでしょうか。当校の入試では、難易度の低い問題は確実に正解した上で、難易度の高い問題や、盲点を突いた問題などを正解しているお子さまが、合格になっています。。

【おすすめ問題集】

1話5分の読み聞かせお話集①②、　お話の記憶 初級編・中級編、
Ｊｒ・ウォッチャー19「お話の記憶」

問題26　分野：保護者面接

〈準 備〉　なし

〈問 題〉　**この問題の絵はありません。**

- 本校を知ったきっかけと、志願理由を教えてください。
- 通学経路と所要時間、交通のマナーの指導方法を教えてください。
- お子さまには、どのように育ってほしいですか。
- 社会貢献することについて、お子さまに、どのように伝えていますか。
- 当校とお子さまが適応しているところは、どんなところですか。具体的なエピソードを踏まえて教えてください。
- 子育てで1番感動したことはなんですか。
- 明日が試験日です。お子さまに、どのように声をかけますか。
- 12年間一貫教育について、どうお考えですか。
- 今、お子さまには、どのような課題がありますか。一つ教えてください。
- 家庭学習が始まったとき、どのように取り組みますか。
- 最近、お子さまと、どのような遊びをしましたか。
- 利他の精神について、どのようにお子さまに教えていますか。また、お子さまは、それについて、どのような反応をしていますか。
- お子さまの夢はなんですか。また、ご両親の夢はなんですか。
- 食事のマナーは、どのように指導していますか。
- お子さまの体力をつけるためにやっていることは、どんなことですか。

〈解 答〉　省略

〈時 間〉　10分程度

学習のポイント

保護者の方への面接は、学校に対する理解度や、保護者力を観ようとしている質問が多く見られます。また、当校の面接は時間が決められており、多くのことを伝えようと思うなら、聞かれたことに端的に回答することが肝要です。また、中には、質問以外のことを答える方がいますが、質問以外の発言はプラスに作用することはありません。むしろ、言われたことを理解していないという評価を受ける可能性がありますので注意をしてください。いろいろ伝えようとして回答が長くなれば、それだけ面接時間が少なくなり、質問数も減ることになります。同時に、学校側からすれば、知りたいことを知ることができなかったという面接になることをご理解ください。当校の過去の質問を観ても、特別難解なものも、考えなければならないものもありません。そのため、速やかに回答することが求められます。回答に間が空いてしまうのは、回答できないのではないかと受け取られかねません。当校は質問したことに対して、別のことを含んでいることはありません。「聞かれたことに、聞かれたことだけを、速やかに、シンプルに回答する。そして常識のある行動を」これが当校の面接対策です。

【おすすめ問題集】

新 小学校受験の入試面接Q＆A、保護者のための面接最強マニュアル

〈立命館小学校〉

※問題を始める前に、本書冒頭の「本書ご使用方法」「本書ご使用にあたっての注意点」をご覧ください。
※本校の考査は鉛筆を使用します。間違えた場合は消しゴムで消し、正しい答えを書くよう指導してください。

**保護者の方は、別紙の「家庭学習ガイド」「合格ためのアドバイス」を先にお読みください。
当校の対策および学習を進めていく上で役立つ内容です。ぜひご覧ください。**

2023年度の最新問題

問題27　分野：記憶（お話の記憶）

〈準備〉　鉛筆、消しゴム

〈問題〉　お話を聞いて後の質問に答えてください。

お父さんと妹とお姉さんとお兄さんで、遊園地へ出かけました。お母さんは用事があったので、遊園地には、遅れていくことになっています。遊園地では、お姉さんとお兄さんが、「ジェットコースターに乗りたい。」と言いましたが、妹が怖がったので、お兄さんと妹は、メリーゴーランドに乗り、お父さんとお姉さんが、ジェットコースターに乗ることにしました。その後、お父さんとお姉さんが戻ってきたので、みんなでお昼ごはんを食べました。お昼ごはんの後には、お化け屋敷、観覧車、急流滑りをして、おやつを食べました。お父さんとお母さんはコーヒーを買い、お姉さんは綿あめ、お兄さんはポップコーン、妹はアイスクリームを食べました。とても楽しい一日でした

（問題27の絵を渡す）
①お兄さんが最初に乗ったものに、○をつけてください。
②お兄さんが2番目に乗ったものに、○をつけてください。
③お兄さんとお姉さんが食べたものに、○をつけてください。

〈時間〉　各15秒

〈解答〉　①左から2番目（メリーゴーランド）　②右から２番目（コーヒーカップ）
③左端と右から２番目（ポップコーンと綿あめ）

学習のポイント

お話の長さとしては基本問題と言っていいでしょう。しかし、遊園地に行ってからは複雑な状況が設定されており、しっかりと聞き取り記憶する力が求められます。この部分で混乱してしまうと、その後の内容をしっかりと記憶することができません。このような展開のお話の場合、記憶するお子様には大きな負担がかかります。お話が短いといっても、お話のリズム、内容がシンプルなほど記憶しやすく、それらが崩れるほど記憶に残りにくくなります。その様なことを克服するためには読み聞かせの量を増やすことがおすすめです。色々なお話を読み聞かせ、多くのパターンの内容に触れることで、克服することが可能となります。読み聞かせは全ての学習の根底を成すものもですから、最も大切な試験対策の一つと申し上げても過言ではないでしょう。読み聞かせも、ただ読み聞かせるのではなく、感想を聞いたり、登場人物を確認したりしましょう。

【おすすめ問題集】
　1話5分の読み聞かせお話集①②、　お話の記憶 初級編・中級編、
　Jr.ウォッチャー19「お話の記憶」

問題28　分野：常識

〈準 備〉　鉛筆、消しゴム

〈問 題〉　左の絵と同じ季節のものに○をつけてください。

〈時 間〉　15秒

〈解 答〉　①左から2番目（虫取り）　②左から2番目（七五三）
③右から２番目（おせち）

学習のポイント

近年、季節に関する行事を行うご家庭が減っています。しかし、近年、小学校受験において、季節に関する問題の出題頻度は上がっています。出題頻度が上がっているということは、差がつく問題であると共に、学校側も常識分野の問題を重視していると読み取ることができます。問題をといた後、選択肢に書かれてあった絵が、どの季節のもので、何をしているのかなど確認することをおすすめいたします。その上で、大変だと思いますが、各季節の行事を実際に行うようにしましょう。百聞は一見にしかずということわざがあるように、体験をすることでお子さまの記憶にもしっかりと残っていきます。同時に、そのメインとなる取り組みだけを意識するのではなく、準備から後片付けまで、きちんと行う事で多くの力を身につけることができます。この問題は全問、正解して欲しい問題です。こうした問題を取りこぼさないように学習に精進してください。

【おすすめ問題集】
　Jr.ウォッチャー34「季節」、56「マナーとルール」

問題29　分野：常識（仲間はずれ）

〈準備〉　鉛筆、消しゴム

〈問題〉　それぞれの四角の中に、ひとつだけ、仲間ではないものがあります。見つけて○をつけてください。

〈時間〉　1分

〈解答〉　①－左端（たわし）　②－右から2番目（ダンゴムシ）
③－左から2番目（コスモス）　④－右から2番目（ニワトリ）

学習のポイント

用途、種別、季節、特性などによる分類の仕方で、仲間同士であるか、そうではないかの問題です。仲間分けの仕方は、お子さんの考えによっては、大人が、はっとする分け方をする場合もあります。このような場合は、直ぐに否定をするのではなく、先ずは、一端はその意見を受け入れ、その後、一般的な考えから分類をすることを教えていくとよいでしょう。問題をといた後にお子さまにどうしてその様な分け方をしたのか、必ず確認をしてください。保護者の方が考えを知ることと共に、お子さまは、説明をすることで、語彙力、知識などを身につけることが出来ます。この問題の場合、①は刃物か否か　②は昆虫か否か（昆虫は頭部、胸部、腹部に別れ、胸部から脚が3対出ています）　③季節（コスモスだけ花の咲く時期が秋）　④飛ぶか飛ばないか　になります。

【おすすめ問題集】
Jr.ウォッチャー11「いろいろな仲間」

問題30　分野：言語

〈準備〉　鉛筆、消しゴム

〈問題〉　上の絵の真ん中の音を組み合わせるとできる名前に○をつけてください。

〈時間〉　30秒

〈解答〉　①左端（あめ）②左から3番目

学習のポイント

②の「くるまいす」はすんなりと分かりましたか。車いすは難しいとおっしゃる方もいると思います。しかし、このような出題の際、学校に出題意図を伺うと、身体の自由な方はたくさんいます。「私たちに合わせるのではなく、私たちが知識を得て、困っていたら助けてあげるべきではないか。こうしたことは、受験だからというものではなく、人として知っておくべきことととらえています。」とお話しされる先生方がほとんどです。受験、問題をベースに考えるのではなく、こうした問題の場合は、相手の立場に立って考えられるようにしましょう。同じように、目の見えない人が持つ「白杖」があります。困った人がいたら一声かけるお互い様の精神を、この問題を通して考えるようにしてはいかがでしょう。

【おすすめ問題集】
Jr.ウォッチャー17「言葉の音遊び」・60「言葉の音」

問題31　分野：推理

〈準 備〉　鉛筆、消しゴム

〈問 題〉　ひもを線の通りにハサミで切ると、何本になりますか。その数だけ右の□に○を書いてください。

〈時 間〉　45秒

学習のポイント

間違えてしまったお子さまの場合、答えを考えている間に、頭の中が混乱してしまったのではないでしょうか。このような論理的思考力を要する問題を解く場合、先ずは、冷静に取り組むことが重要になります。焦ると思考の幅が狭くなり、しっかりと考えることができなくなります。問題を解くときは、頭の中で紐を切って考えていきます。このような思考をするためには、実際に作業を積み重ねることが必要となります。この問題も答え合わせは保護者の方が行うのではなく、紐とハサミを用意し、実際にお子さまにさせてみましょう。その後、自分の考えと実際に切ってみて結果が同じであるか確認してみましょう。この問題の場合、一生懸命考えることに重点を置くよりも、楽しく取り組むことに意識を傾けるとよいと思います。楽しく取り組むと、同時に柔軟な思考力も活用できますから、より学習効果が得られるでしょう。

【おすすめ問題集】
Jr.ウォッチャー31「推理思考」

問題32　分野：図形（鏡図形）

〈準 備〉　鉛筆、消しゴム

〈問 題〉　黒い線で矢印の方向に折った時、上の形がぴったりと重なるように、右側のマスに印を書きましょう。

〈時 間〉　1分

〈解 答〉　下図参照

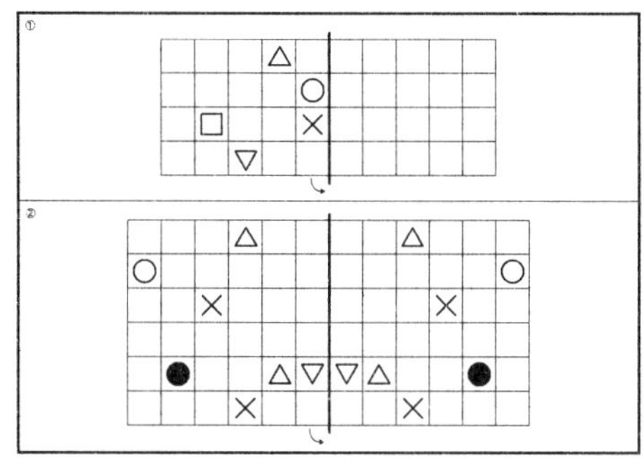

学習のポイント

この問題は鏡図形の問題ですが、展開の問題を解くのに必要な考えとなっていることが分かると思います。共通している力が求められているのなら、一緒に習得する方が良いと思います。その方法はこの問題も答え合わせをお子さま自身で行います。まず、ホワイトボード用のペンとクリアファイルを用意します。クリアファイルの下側は切り取って、展開できるようにしておいてください。次に袋とじになっている方を問題の黒線に合わせてセットします。その後、ペンでマスと記号を描き写します。できたらクリアファイルを開きましょう。答えになりますので、お子さまの解答と一致するか視覚で確認できます。このクリアファイルを開く行為は展開するのと同じです。近い位置と遠い位置の形がどのようになるのかもお子さま自身に発見させるとより効果が上がります。学習は量という意見もありますが、時期によっては理解することを優先させることも重要であることを覚えておいてください。

【おすすめ問題集】

Jr.ウォッチャー2「座標」、35「重ね図形」、48「鏡図形」

問題33　分野：推理

〈準備〉　鉛筆、消しゴム

〈問題〉　カメは１つずつ進み、ウサギは1つ飛ばして矢印の方へ進みます。カメとウサギが出会う場所に○をつけてください。

〈時間〉　１分

〈解答〉　下図参照

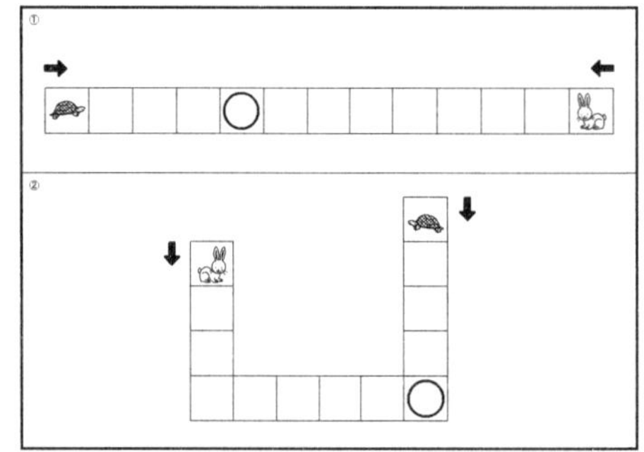

学習のポイント

間違えた場合、問題で言われていることを正しく理解できているか確認をしましょう。理解できていた時は、数え方が正しかったか確認をしてください。問題としては特に難しいものではありません。下の問題のように進む形が変化しても基本的な解き方は変わりません。解き方としては、指を使って移動をさせる方法と、印をつけながら移動をさせる方法があると思います。どちらの方法を用いても構いません。得意な方法で取り組んでください。苦手なお子さまの場合、オセロ、将棋盤など、マス目のある物を利用し、実際に駒を動かしてみましょう。なれてきたら条件を変えて取り組んでみましょう。この問題も、一つ目がどの位置なるのか、ここを間違えてしまうと、正解は得られません。移動する際の一つめ、位置を示す場合の一つ目と、数え始める位置についてはしっかりと理解させてください。

【おすすめ問題集】

Jr.ウォッチャー47「座標の移動」

問題34　分野：図形（積み木）

〈準備〉　鉛筆、消しゴム

〈問題〉　積み木の数を数えて、その数だけ○を書いてください。

〈時間〉　1分

〈解答〉　①○５個　②○９個　③○11個

学習のポイント

積み木問題の中では、基本的なものが出題されているので、これは全問正解を目指したいところです。積み木の問題は、見えない場所にある積み木を正確に把握し、数える事が必要です。その点を把握するためにも、お子さまが自分自身で確認させるとよいでしょう。まず、お子さまが答えた数と同じ積み木を渡します。その後、問題の絵と同じように積み木を積ませます。解答が合っていれば、同じように積むことができますが、間違えていた場合、同じように積むことができません。この場合、どの場所にある積み木の数を間違えたのか、原因をしっかりと確認しましょう。実際に積むことで、問題をつく際も頭の中で積み木を積んだりして間違えを減らすことができます。このベースができれば、後は紙面上で数えることができるようになります。焦らずに、理解の階段をしっかりと上っていきましょう。

【おすすめ問題集】

Jr.ウォッチャー「積み木」、53「四方からの観察 積み木編」

問題35　分野：数量（等分）

〈準 備〉　鉛筆、消しゴム

〈問 題〉　左にあるアメを、右側に描いてある人で仲良く分けると、一人いくつになりますか。その数だけ、その下の四角の中に○を書いてください。

〈時 間〉　1分

〈解 答〉　①○3つ　②○4つ　③－○5つ

学習のポイント

等分配する場合は、人数に関わらず、まずは一人1つずつ、という1：1をしっかりと理解しましょう。一人1つずつ、つまり、アメを分ける場合でも、おせんべいでも、2人なら、2つ必要ですし、3人ならば3つ、4人ならば4つ必要になります。よって、人数に応じて、その都度用意する個数が決まることを理解しましょう。2人で分けるなら、2つずつ線で結んだり、丸で囲んだりします。線や丸でグルーピングした数だけ、等分配されていると言うことになります。このようなことは、言葉で指導するよりも、実際に物を使用して体験するとよいでしょう。出題者の出題意図としては、生活での分配行為、お手伝いをベースとした分配ができるかという点にあります。この問題は、わり算のベースとなります。このように、入試で出題されている内容が入学後の学習に繋がっている内容はたくさんあります。しかし、解き方の理解を把握せず正解を出す方法に終始してしまうと、入学後の学習についていけなくなると耳にします。こうしたことを理解し、学習に取り組むようにしましょう。。

【おすすめ問題集】

Jr.ウォッチャー40「数を分ける」、43「数のやりとり」

問題36　分野：数量（数の操作）

〈準備〉　鉛筆、消しゴム

〈問題〉　バスにお客さんが4人乗っています。バス停に着いて、2人のお客さんが降りて、3人のお客さんが乗ってきました。今、バスには、何人のお客さんが乗っていますか。その数だけ下の□に○を書いてください。

〈時間〉　20秒

〈解答〉　○5つ

学習のポイント

この問題ですが、数の操作として分類されますが、必要とされる力は、お話の記憶とベースは同じです。近年「出題を正しく聞き、対応する。」この基本が強く叫ばれています。実際、ここ数年の入試などを振り返ると、特に聞く力が落ちているといわれています。解答を出す際、指を使ってという方法もありますが、ここでは、敢えてその方法を用いて解答を出すのではなく、頭の中で情景を作りだし、問題に合わせて人を移動させることをおすすめします。指を使用して解答する方法だけで行っている場合、入試の際、問題を聞くとき、手は膝の上に置いて聞きましょうと指示が出た場合、対応することができなくなります。そうならないためにも、指を使用して解答をするのではなく、頭の中で操作をする方法を身につけることをおすすめします。最初はできなくても、条件を緩めて行うことでできるようになります。

【おすすめ問題集】
Jr.ウォッチャー38「たし算・ひき算1」、39「たし算・ひき算2」
43「数のやりとり」

問題37　分野：数量

〈準備〉　鉛筆、消しゴム

〈問題〉　①宝箱にコインが8枚入っています。この箱から4枚のコインが外に出てしまった時、宝箱の中には何枚のコインが入っていますか。その数だけ○を書いてください。
②宝箱にコインが10枚入っています。この箱から3枚のコインが外に出てしまった時、宝箱の中には何枚のコインが入っていますか。その数だけ○を書いてください

〈時間〉　20秒

〈解答〉　①○4つ　　②○7つ

学習のポイント

この問題ですが、数の操作として分類されますが、必要とされる力は、お話の記憶とベースは同じです。近年「出題を正しく聞き、対応する。」この基本が強く叫ばれています。実際、ここ数年の入試などを振り返ると、特に聞く力が落ちているといわれています。解答を出す際、指を使ってという方法もありますが、ここでは、敢えてその方法を用いて解答を出すのではなく、頭の中で情景を作りだし、問題に合わせて人を移動させることをおすすめします。指を使用して解答する方法だけで行っている場合、入試の際、問題を聞くとき、手は膝の上に置いて聞きましょうと指示が出た場合、対応することができなくなります。そうならないためにも、指を使用して解答をするのではなく、頭の中で操作をする方法を身につけることをおすすめします。最初はできなくても、条件を緩めて行うことでできるようになります。

【おすすめ問題集】

1話5分の読み聞かせお話集①②、Jr.ウォッチャー38「たし算・ひき算1」
39「たし算・ひき算2」、43「数のやりとり」

問題38　分野：数量

〈準 備〉　鉛筆、消しゴム

〈問 題〉　上の絵のように、バスケットボール1個とテニスボール1個をペアにします。下の絵だけボールがある時、ペアになる数はいくつですか。その数だけ○を書いてください。

〈時 間〉　30秒

〈解 答〉　①○５つ　②○８つ

学習のポイント

この問題も先ほどの飴の分配と同じ思考が求められます。難易度的には、飴の問題よりも難易度は高くなります。一つだけの条件が一致すればいいのではなく、複数の条件が一致することを求められます。数え忘れや重複すると正解をだすことはできません。このような問題の場合、描いてあるものを正確に、早く答えることが必要です。日常生活において、物を数える行為を多く取り入れるようにしましょう。そうした生活体験を増やすことで、重複や数え忘れを防ぐことができます。また、意外と疎かになってしまいますが、解答記号を正確に書くことも重要です。丸は下から書き始め、ゼロは上から書き始めます。このようなことも入学後には必要ですから、今のうちにしっかりと身につけるようにしましょう。一番わかりやすいやり方は、１対１で線結びする方法です。この問題は、この方法が早く解答できるでしょう。複雑になってくると種類ごとに数を数え、一番少ないものの数しか組み合わせができないことに気付くでしょう。

【おすすめ問題集】

Jr.ウォッチャー38「たし算・ひき算1」、39「たし算・ひき算2」
43「数のやりとり」

問題39　分野：数量（数の操作）

〈準備〉　折り紙

〈問題〉　モニターを見ましょう。これから折り紙で、船を作ります。モニターを見ながら、折り紙を折っていきましょう。出来上がったら、その船を使って、自由に遊んでください。最後は、その船をそのまま机に置いてください。

〈時間〉　５分

〈解答〉　省略

学習のポイント

折り紙は、受験には必須です。「指示を正しく聞き、対応する力」「丁寧に作業する力」が求められますが、実は巧緻性に関する力を習得するのに、近道はありません。経験を少しずつ積み、力をつけていくしかありません。丁寧さは、急にできるようにはなりません。日常生活から物事を丁寧にするように心がけてください。たかが折り紙でも、お子さまの生活が表れます。雑に折るお子さまは、他のことも雑に行うことが多いと思います。また、こうした作業の指示は細かく、多いのが通常です。「人の話をしっかりと、最後まで聞くこと」はペーパーの問題よりも求められます。また、巧緻性の問題の場合、作ることだけでなく、作業中の姿勢や終えた後の片付けなども採点対象となっています。最初から最後まで、気を抜かずに集中して行うようにしましょう。

【おすすめ問題集】
実践ゆびさきトレーニング①②③、Jr.ウォッチャー23「切る・折る・塗る」

問題40　分野：図形・巧緻性

〈準備〉　ハサミ（取り組む前に、問題40－1のパーツを切り取って渡す。左側の絵は隠しておく）

〈問題〉　（40－2の絵を渡す）
このチューリップにきちんと入るように、全部のパズルを使って当てはめてください。「やめ」と言われたら、手を膝に置いて待っていてください

〈時間〉　３分

〈解答〉　省略

学習のポイント

この問題は非常に難易度の高い問題で、お子さまの空間認識力が問われます。このような問題の場合、正解だけを観ているのではなく、取り組んでいる姿勢、観点の切り替え、器用さ、指示の遵守、後片付けなど、総合的な力を観察しています。正解だけに集中するのではなく、総合的にお子さまをチェックしましょう。ポイントとしては、正方形が3つあるので、それがチューリップの３つ花びらにあてはまることに気付けるか、また、パーツが２つずつあるものは、線対称に使えばよいと気付くことができるか、１枚しか無い直角二等辺三角形と、2枚ある小さい直角二等辺三角形をうまくあてはめること、あてはめ方に気付くことができるか、がカギです。また、夢中になっても、「やめ」の合図で、きっぱりと作業を止めることができるか、そのメリハリも重要です。このように総合的に取り組むことをおすすめいたします。

【おすすめ問題集】

Jr.ウォッチャー9「合成」、45「図形分割」

問題41　分野：行動観察（4人１グループ）

〈準　備〉　口先にクリップのついた魚の絵、釣り竿（絵を参考にしてください。）

〈問　題〉　今からみんなで魚釣りをします。魚が釣れたら、カゴに入れてください。釣り竿は、数が少ないので仲良く使ってください。「やめ」と言われたら、釣り竿をカゴに戻してください。

〈時　間〉　５分

〈解　答〉　省略

学習のポイント

行動観察では、よく見られる課題の一つです。グループの人数に対し、釣り竿の数は満たされていません。ですから、どのように使用するのか初めて会ったお友達と決めなければなりませんが、お子さまにとりましてこれは大きな壁となると思います。しかし、このよう行動観察の問題では避けて通れない内容です。わがままを言わない、約束の遵守、積極性など基本的なことは身につけておきましょう。入試において「できる」とは、ただクリアすることではありません。学校側が設定する基準に対しての判断になります。このようなことは日常生活を通して身につける内容であり、学校側はお子さま自身の力だけでなく、家庭環境、保護者の方の躾力としても観ています。また、終わった後のお子さまの行動も採点対象となります。行うことだけでなく、「学校側の指示を守る」「終わった後、待っているときの態度」なども行動観察では重要な観点となっています。そのような意味では、行動観察は最初から最後まで気を抜かず、「積極的に楽しむ」ことが大切です。

【おすすめ問題集】

Jr.ウォッチャー9「合成」、45「図形分割」

問題42　分野：言語（読み聞かせ）

〈準 備〉　絵本「小さなくも」

〈問 題〉　**この問題の絵はありません。**
絵本を読んだ後、「こんな雲になってみたい、と思った人は、手を挙げてください。」といわれ、指名されたら発表する。。

〈時 間〉　5分

〈解 答〉　省略

学習のポイント

読み聞かせをしているときの「態度」は大切です。日頃から、読み聞かせをする時も、話を聞くときの姿勢がきちんと整っているか意識をしてください。それは、単にきちんと座るだけではなく、意欲的に取り組んでいるかも大切になってきます。家庭で読み聞かせをする場合、好きな本が多くなると思いますが、入試ではどのような本が取り上げられるかは分かりません。興味のある内容ならきちんと聞けるが、そうでない場合、姿勢が崩れてしまうなど、バラツキがなくなるよう、色々な本の読み聞かせをしてムラを無くすようにしましょう。読み聞かせを行う際、興味を持たせるための抑揚をつけて行うことがよくありますが、入試でのお話の記憶では抑揚はつきません。抑揚がなくても最後まで聞けるよう、読み聞かせをすることをおすすめいたします。また、意見と正解は違います。意欲的に意見が言えるように日常会話を楽しみと捉えられるようにしましょう。

【おすすめ問題集】
1話5分の読み聞かせ①②、Jr.ウォッチャー19「お話の記憶」

問題43　分野：面接（保護者・志願者面接）

〈準備〉　なし

〈問題〉　**この問題の絵はありません。**
事前に絵を描いて持参し、受験者だけの面接で、絵についての質問をされる。その後保護者と受験者の面接が行われた。

【保護者へ】
・簡単にご両親の自己紹介と、お子様との続柄を教えてください。。
・本校への志願理由と、４つの柱についてどう思うか教えてください。
・お子様の園での様子はいかがですか。
・園とどのような関係を築いていますか。また、園の先生とどういった連携をされていますか。
・お子様には、どんな子に育ってほしいですか。また、子育てでここだけは　という部分はありますか。。
・どんな時にお子様の成長を感じられましたか。
・12年制に関しては、どう思われますか。
・立命館と他の学校との違いについて、教えてください。
・子どもの様子で、家庭と園での違いについて教えてください。
・意欲を引き出す為に、何か家庭でされていることはありますか。
・立命館小学校に限らず、どうして公立ではなく私立にしたのですか。私立に求めるものは何ですか。

【志願者へ】
・あなたのお名前と、幼稚園の名前を教えてください。
・幼稚園でどんな遊びをしていますか。その遊びは1人でするか、お友達とするか、どちらがいいですか。
・立命館小学校に来たことはありますか。そのときには、何をしましたか。それは、楽しかったですか。
・立命館小学校に入学したら、何のお勉強をしたいですか。
・幼稚園は給食ですか、お弁当ですか。給食で好きな食べ物と嫌いな食べ物を教えてください。なぜ、その食べ物が嫌いなんですか。
・幼稚園で仲の良いお友だちの名前を教えてください。そのお友だちは、どんな子ですか。
・外ではどんな遊びをして、お部屋ではどんな遊びをしますか。
・なにか習い事をしていますか。習い事は楽しいですか。
・幼稚園（保育園）で、一番楽しかったことは、どんなことですか。
・あなたが毎日頑張っていることは、どんなことですか。
・あなたは、お父さん（お母さん）に、何をするとほめられますか。
最近何をしてほめられましたか。
・あなたが好きな本を教えてください。どうして好きですか。
・お父さん（お母さん）のいいところを教えてください。

〈時間〉　５分

〈解答〉　省略

学習のポイント

面接の内容は幅広く問われています。面接試験は、みな様が想像するよりも緊張します。ですから、その場で臨機応変に対応使用としてもなかなか上手くはいきません。上手くいっているときはいいですが、一度詰まってしまうと、頭の中は混乱し、面接中に修正することは無理だと考えてください。ならどうすればいいか。となりますが、その場で考えて対応するのがむりなら、その場で考えるのではなく、普段していることを答えるようにすると変えればいいのです。面接では回答した内容だけでなく、発言に対する背景の有無、回答しているときの目や意欲など、発言以外のことも観ています。また、普段していることを回答するようにすれば、回答に胸を張れるはずです。また、質問に対して突っ込まれたとしても凜と回答できるのではないでしょうか。これはお子さまの回答も同じです。一言で言えば、回答を考えたり、作らなくてもいい家庭環境にするとことです。

【おすすめ問題集】

1話5分の読み聞かせ①②、Jr.ウォッチャー19「お話の記憶」

2022年度の過去問題

問題44　分野：常識（マナー）

〈準備〉　鉛筆、消しゴム

〈問題〉　①駅のホームで走っている子どもがいました。
ゾウは「よし僕も負けないぞ」といいました。
リスは「駅のホームは、走っちゃだめなんだよ」といいました。
ライオンは「みんなで鬼ごっこをしようよ」といいました。
誰が正しいことを言ってるのでしょうか。正しいことを言っている動物に○をつけてください。
②トイレの後、手を洗いました。
イヌはパッパッと手を振りました。
ウサギはハンカチで手を拭きました。
サルはハンカチを借りて手を拭きました。
どの動物がよいと思いますか。その動物に○をつけてください。

〈時間〉　30秒

〈解答〉　①真ん中（リス）　②真ん中（ウサギ）

学習のポイント

このような常識の問題は、どれが正しいかという考えのほか、普段、自分がしていることがあるとインパクトが強く残り、それに印をつけてしまうということは、よくあることです。また、当校に限らず、常識問題は頻出分野となっています。特にコロナ禍になってから、お子さまの生活体験量は減っており、行動に関する常識問題は、苦手なお子さまが多い分野となりつつあります。そのため、学校側も、行動観察や行動の常識問題などには、重きをおく傾向にあります。特に、2023年度入学予定者は、幼稚園・保育園入園時からコロナ禍の影響を受けており、自粛期間を含めた生活体験の質、量の影響が大きな差となって表れるだろうと予想されてます。こうした差が、合否に直結するような差を生むことになると思います。ですから、常識分野に関する問題は注意が必要であり、正答できるようにしておいてください。

【おすすめ問題集】
Ｊｒ・ウォッチャー12「日常生活」、56「マナーとルール」

問題45　分野：数量（たし算・ひき算）

〈準備〉　鉛筆、消しゴム

〈問題〉　①公園で９人のお友だちが遊んでいます。２人が帰りました。しばらくすると４人が帰りました。そして２人がやってきました。今、何人のお友だちがいますか。その数だけ○を書いてください。
②９人のお友達が公園で遊んでいます。そこへ２人がやってきました。しばらくすると６人が帰っていきました。それと同時に、３人がきました。今、何人のお友だちがいますか。その数だけ○を書いてください。

〈時間〉　各30秒

〈解答〉　①○５つ　②○８つ

学習のポイント

短文のお話を聞き、数の増減を問う問題です。同時に、この問題は小学校受験の学習をする意味を教えてくれている問題でもあります。小学校受験では、この類の問題は、数の増減として取り組みます。その時、出題内容を頭の中でイメージとして操作し、解答を導いていきます。このときの力は、読み聞かせ、生活体験がベースとなります。入学後は、頭の中で、ものの操作を数字に置き換え、式にして解答を導き出していきます。近年、文章題が苦手な子どもが多いと言われていますが、それは、言われたことを、いきなり式にしようとするからです。学習のステップをしっかりと踏んでいれば、躓くことはありません。このように先のつながる学習が見えれば、今の学習の大切さが分かると思います。これは、数字に限ったことではなく、全ての学習にいえることです。

【おすすめ問題集】
Ｊｒ・ウォッチャー38「たし算・ひき算１」、39「たし算・ひき算２」

問題46　分野：記憶（見る記憶）

〈準備〉　鉛筆、消しゴム

〈問題〉　（問題46－１の絵を30秒見せる。時間になったら46－２の絵と交換する）
今見た絵の中にあった絵に、○をつけてください。

〈時間〉　１分

〈解答〉　下図参照

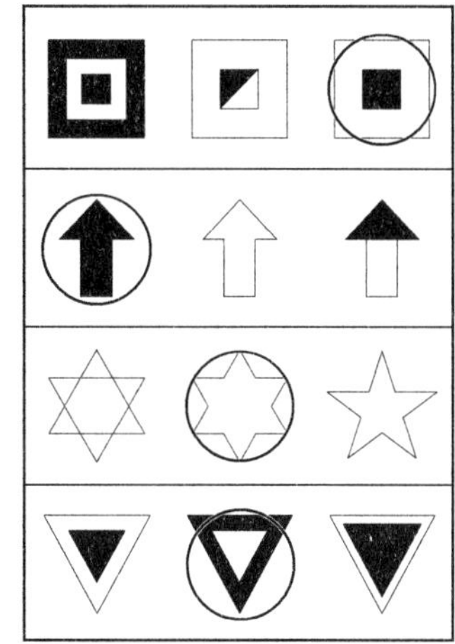

学習のポイント

全体を見たとき、この問題は難易度が高く設定されています。記憶する種類は全部で８つありますが、そのうち答えは４つしかありません。見たもの全てを答えるわけではありませんから、お子さまも、解くときに混乱したと思います。また、選択肢は似た形になっており、しっかりと記憶しないと解答時に迷うと思います。お子さまが迷ったか、自信を持って解答したかは、お子さまが書いた解答記号をみれば分かります。自信を持って解答したものは、解答記号がきれいで力強い丸だと思いますが、悩んだり、自信がない場合、形が崩れていたり、一気に書かずに途中で止まったり、解答を書き直したりした跡が見えると思います。こうしたことからも、お子さまの理解度を把握することが可能です。こうした情報を上手に活用し、お子さまの学力の定着を図ってください。

【おすすめ問題集】
Ｊｒ・ウォッチャー４「同図形探し」、20「見る記憶・聴く記憶」

問題47 分野：図形（対称）

〈準備〉 鉛筆、消しゴム

〈問題〉 **この問題の絵は縦に使用して下さい。**
真ん中の線で折ったとき、左の形がぴったり重なるように、右に書いてください。

〈時間〉 1分30秒

〈解答〉 下図参照

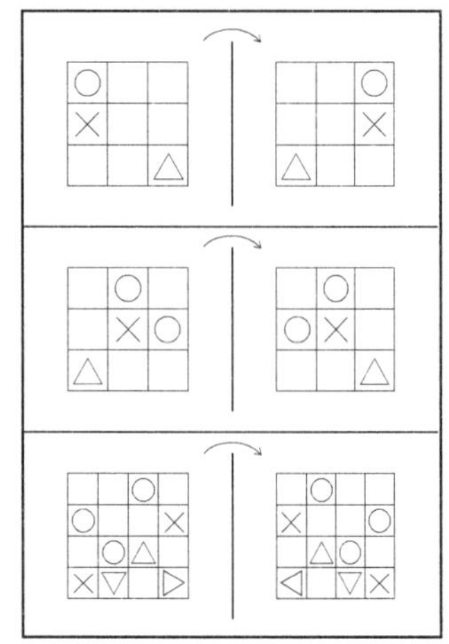

学習のポイント

この問題は、難易度が易しい順に上から出題されています。そのため、上から順番に解いていけば、自然と学習していく状態になります。そう考えると、点の取りやすい問題といえるでしょう。このようなマス目を利用した対称の問題では、元の絵を見て、形が描かれている場所の位置関係をしっかりと把握すること、折り重ねると形の左右が反転すること、この２つを理解できているかがポイントとなります。その上で、左右非対称の形を折り重ねると、左右が逆になることも知っていなければなりません。こうしたことは言葉での説明は難しいので、鏡などを利用して、実際に映してみることをおすすめいたします。お子さまに余裕があるようでしたら、回転と対称の違いを確認するのもお勧めです。

【おすすめ問題集】
Ｊｒ・ウォッチャー８「対称」

問題48　分野：図形（系列）

〈準　備〉　鉛筆、消しゴム

〈問　題〉　①サイコロの空いているところには、いくつの目の数が来るでしょうか。その目の数を書いてください。
②おにぎりが矢印の方へ転がって進みます。？のところには、下のどのおにぎりが来るでしょうか。そのおにぎりを選んで下の□に○を書いてください。

〈時　間〉　各30秒

〈解　答〉　下図参照

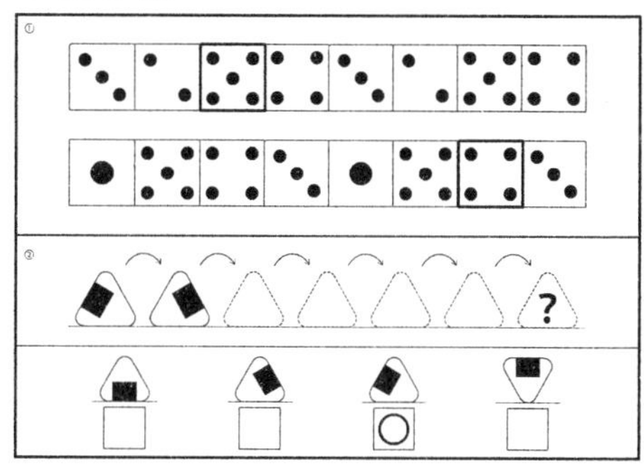

学習のポイント

上の問題は、サイコロを回転させてどうなるかと考えると、非常に難しい問題ですが、系列の問題と同じだと発見できれば、簡単に解くことができます。つまり、理解度というよりも着眼点に影響される問題と言えるでしょう。一方、下の問題は、海苔の位置を順番に移動させていけば、3回転すると元の位置に戻ってくることがわかります。それがわかれば、後は、転がる順番に、どの位置に海苔があるかを、追いかけていけばよいだけです。どちらの問題も、学習ととらえるよりも、ゲームのような楽しい気分で取り組んだ方が、よい結果が出るのではないでしょうか。

【おすすめ問題集】
Ｊｒ・ウォッチャー６「系列」

問題49　分野：言語（しりとり）

〈準備〉　鉛筆、消しゴム

〈問題〉　それぞれの段の絵を全部使って、しりとりをします。最後になるものはどれですか。○をつけてください。

〈時間〉　各15秒

〈解答〉　下図参照

学習のポイント

この問題は、よく見られるオーソドックスな問題です。スタート地点が指定されていないしりとりのため、どこからスタートしたらよいのか、困惑すると思います。そのような場合、落ち着いて、まずは2つの絵でペアを作ります。その後、そのペアの前後に続く絵を探していけば、しりとりが完成します。そして、問われている最後に来る絵を解答すれば、正解が得られます。この方法は、イラストの数が増えても同じです。しりとりは、いろいろな出題方法がありますが、どの問われ方をしても、言葉をつなげていく遊びの延長です。そのため、車の中など、ちょっとした時間にしりとりを取り入れ、楽しみながら経験数を増やしていってほしいと思います。ここに描かれてある名称が不明という方はいないと思いますが、今一度、名称を確認しておきましょう。

【おすすめ問題集】

Ｊｒ・ウォッチャー18「いろいろな言葉」、49「しりとり」

問題50　分野：行動観察（指示行動）

〈準備〉　タンバリン・小さなリング（１人２個。両手に１つずつ持つ）

〈問題〉　**この問題の絵はありません。**

今から先生が、タンバリンをたたきます。タンバリンの音が聞こえたら、その音の数と同じ数のお友だちで、輪になりましょう。輪になるときはリングとリングをくっつけます。もし残ってしまったら、残ったお友達で輪になりましょう。

〈時間〉　適宜

〈解答〉　省略

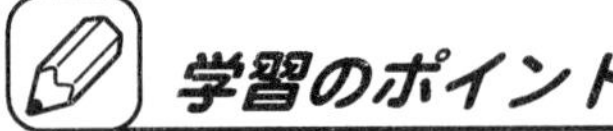

学習のポイント

このような行動観察の出題は、結果よりも、言われたことを守っているか、意欲的に、積極的に取り組めているか、説明を聞くときの態度はどうかなどが観られます。コロナ禍で行われた入試のため、手をつなぐのではなく、両手に持ったリング同士をくっつけるという指示が出ましたが、意外に集中力を要します。しかも、両方のリングに気を使いながらですから集中力が必要です。タンバリンが鳴らされた数でグループを作りますが、できなくてもできなかったときの指示をしっかりと守れば、減点対象とはなりません。このような内容については、意欲的に楽しんで行うように心がけてください。

【おすすめ問題集】

Ｊｒ・ウォッチャー29「行動観察」

☆洛南高等学校附属小学校

問題 1

①

②

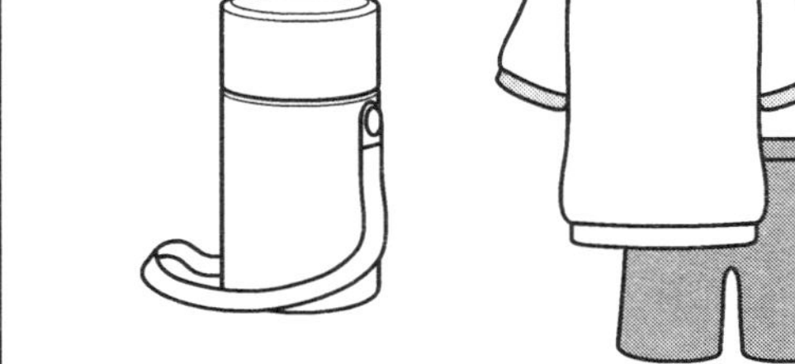

③

④

⑤

⑥

☆洛南高等学校附属小学校

問題２

日本学習図書株式会社

問題 3

①

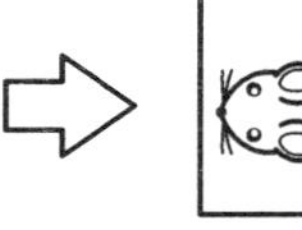

②

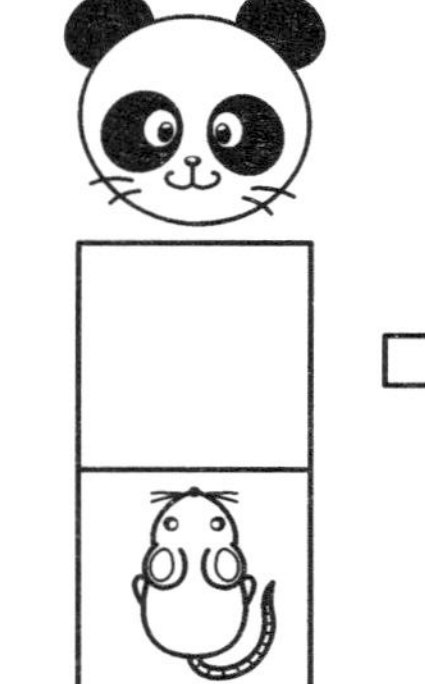

日本学習図書株式会社

問題4

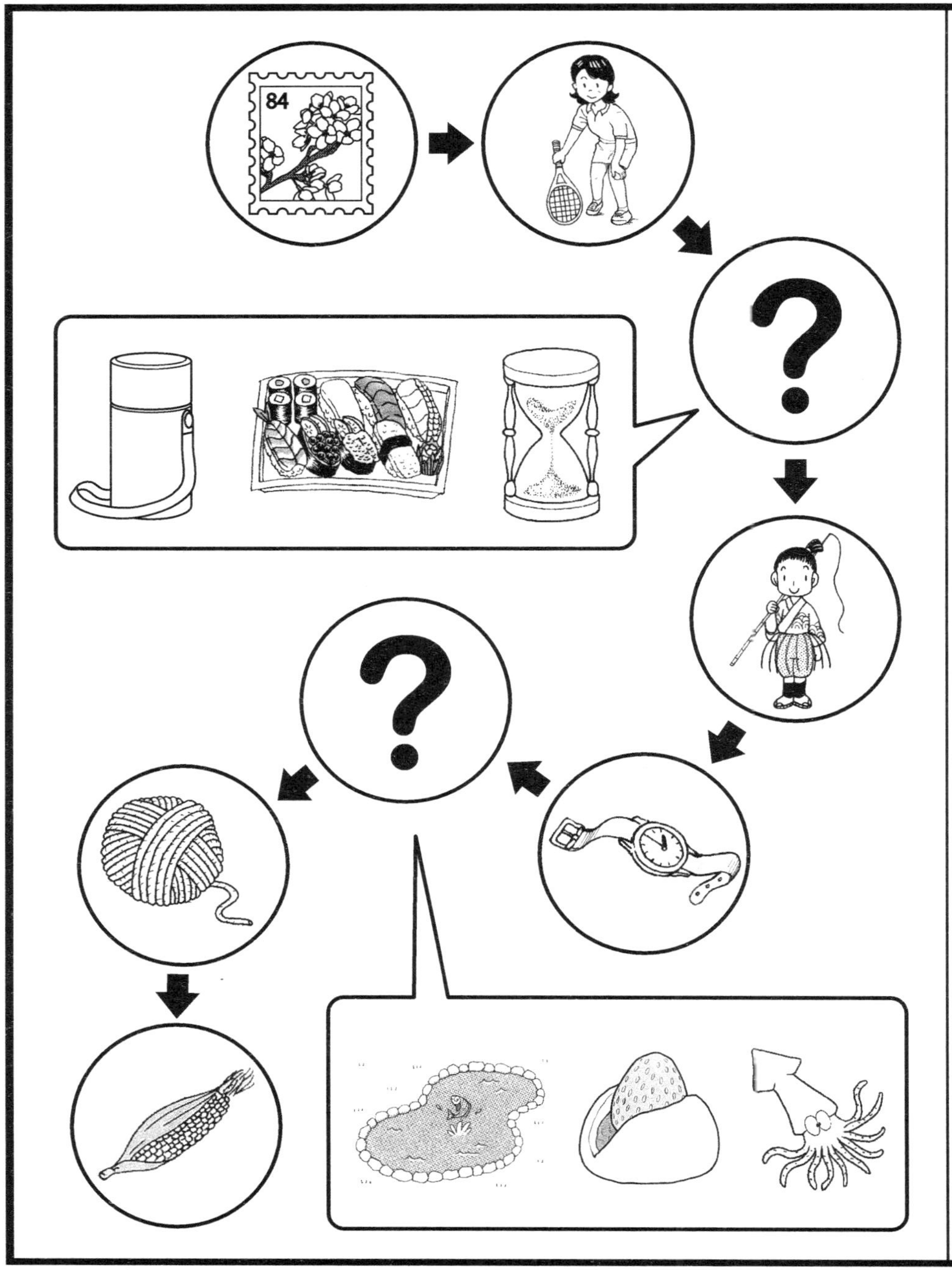

問題5

☆洛南高等学校附属小学校

問題6

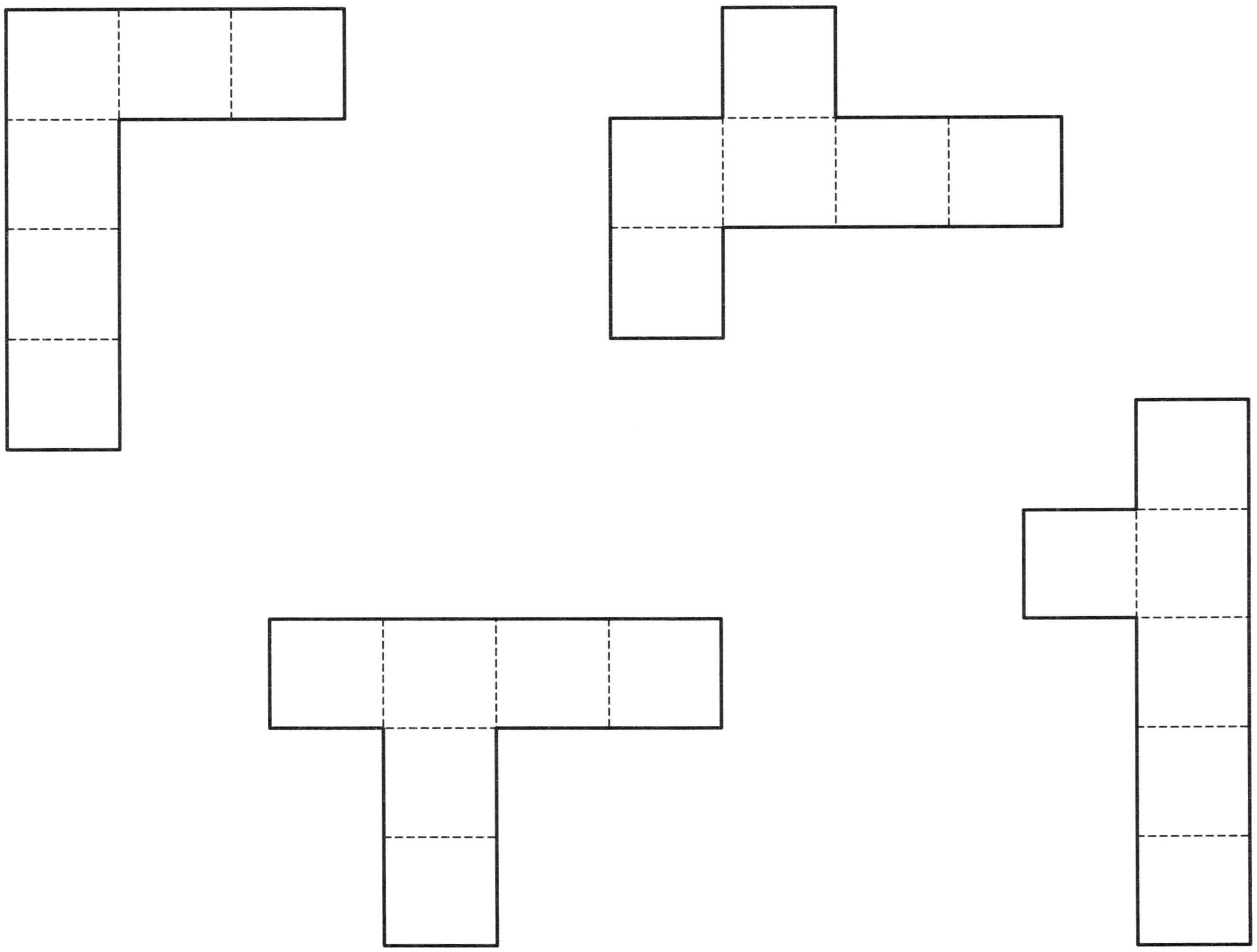

問題 7

①

②

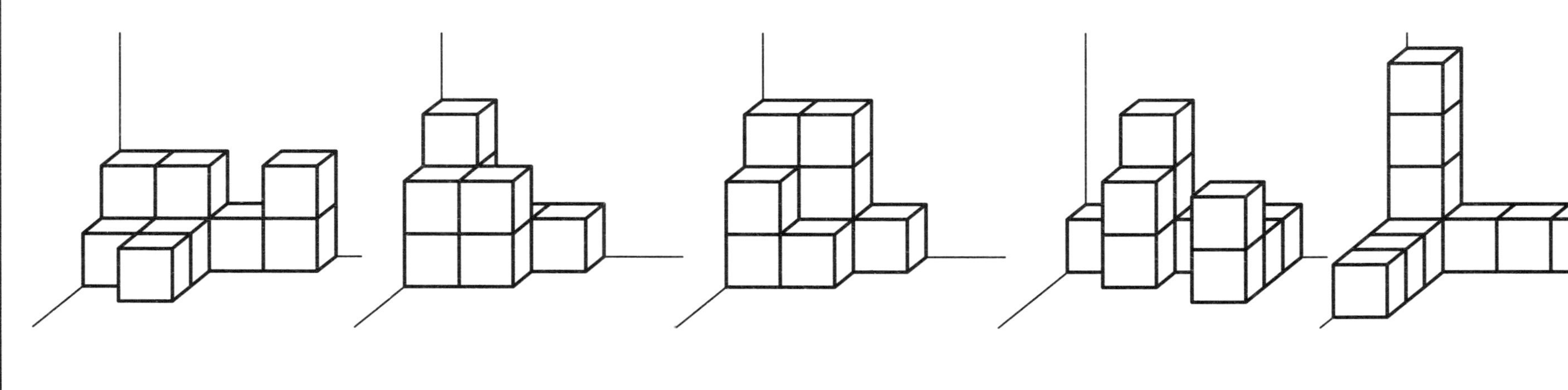

☆洛南高等学校附属小学校

問題 8

①

②

③

④

問題9

①

②

日本学習図書株式会社

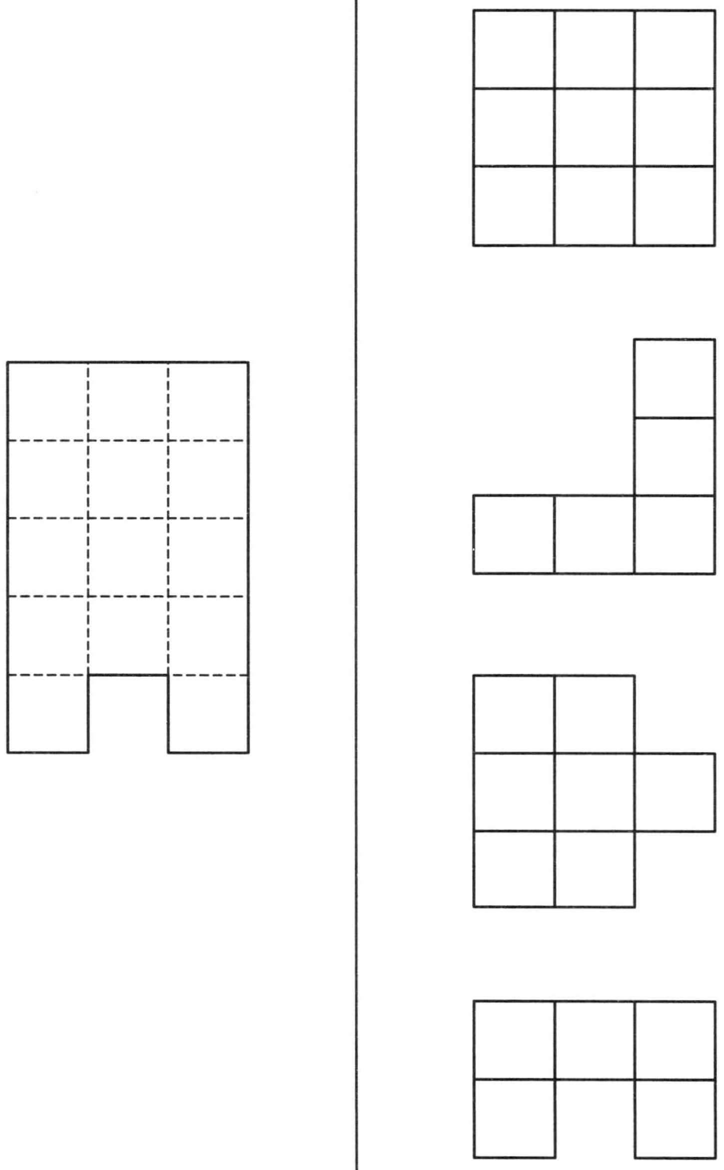

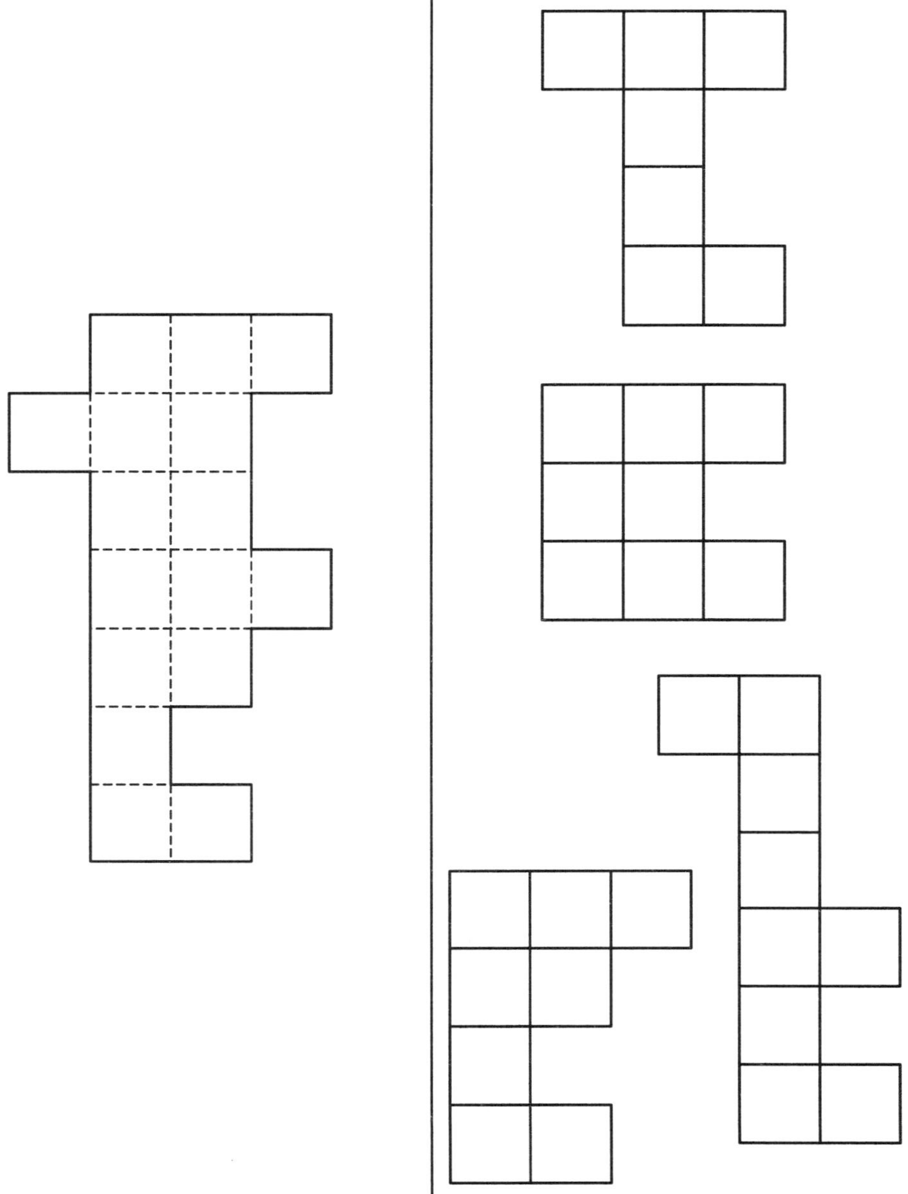

☆洛南高等学校附属小学校

問題１０

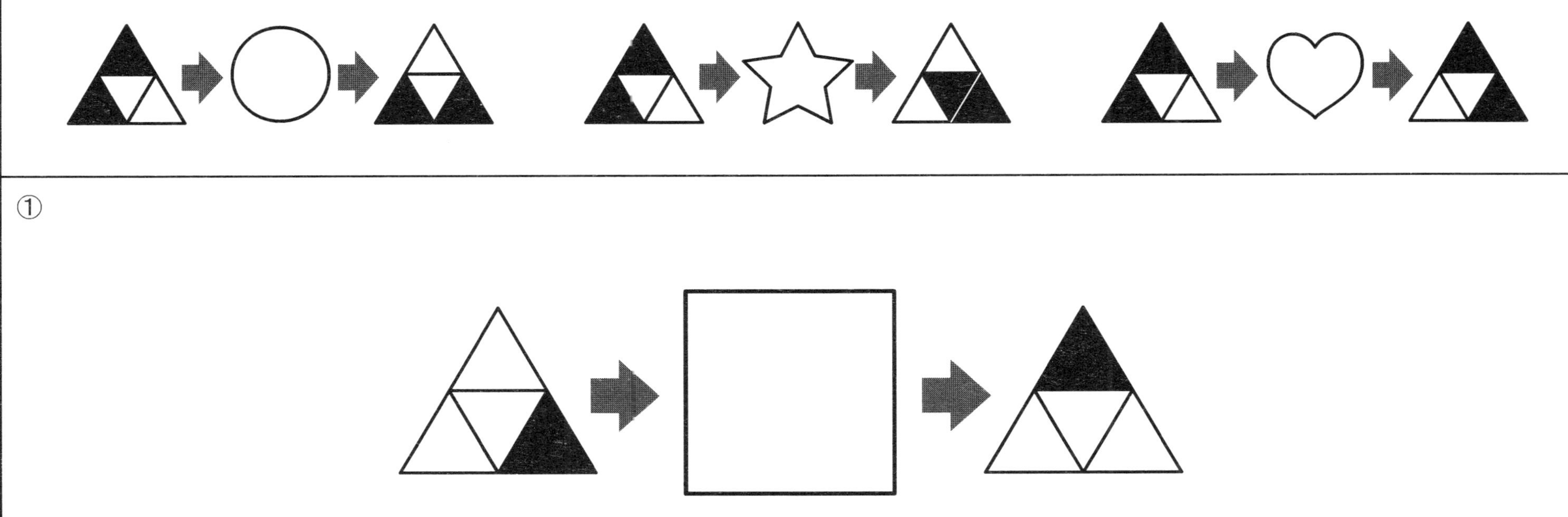

①

②

日本学習図書株式会社

☆洛南高等学校附属小学校

問題１１

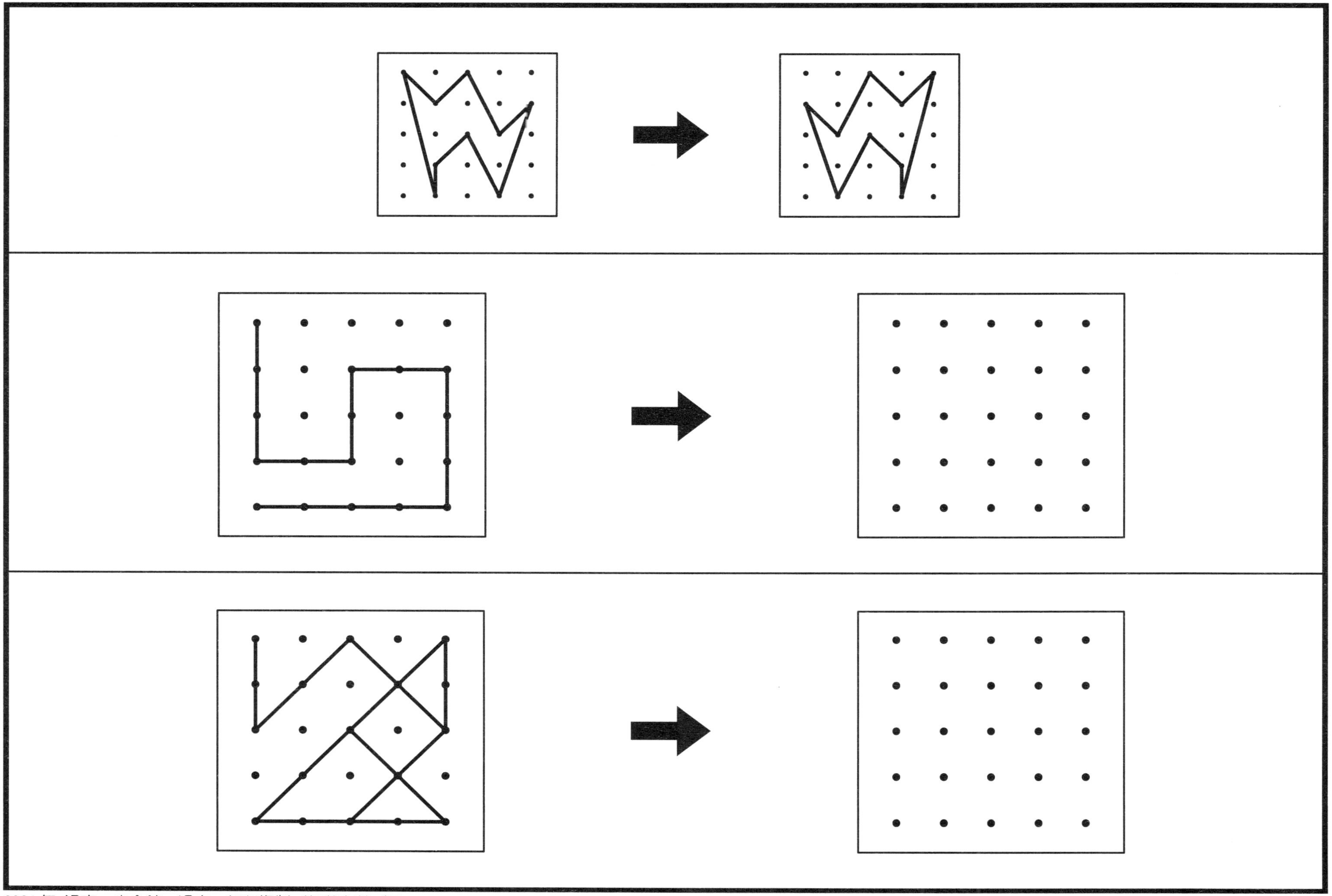

☆洛南高等学校附属小学校

問題１２

問題13

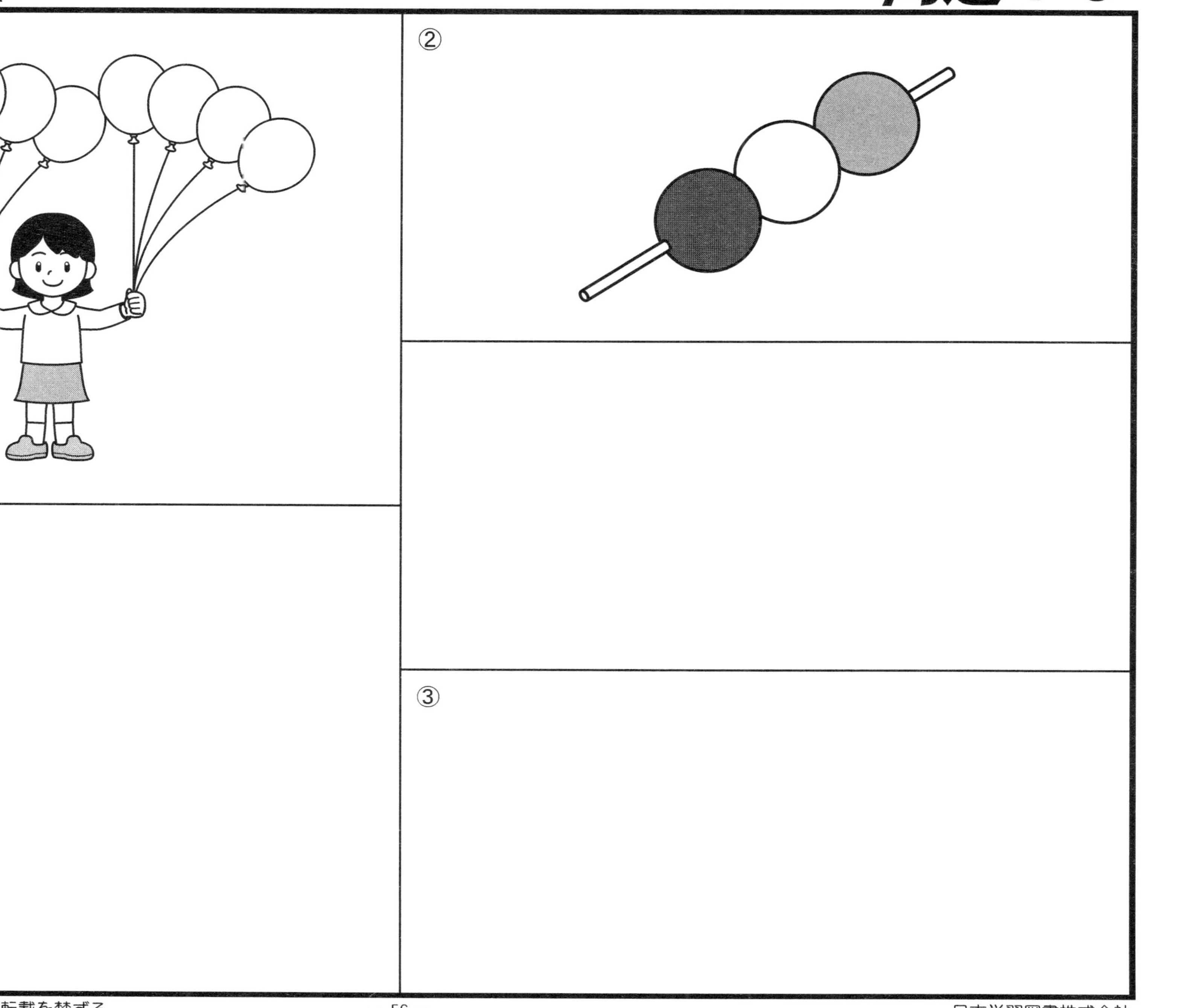

☆洛南高等学校附属小学校

問題１４

①

○ △ △ ○ △
○ △ ○ △ ○
△ △ ○ △ △

②

○ ○ ○ △ △
△ △ △ ○ ○
△ ○ ○ △ △
○ ○ ○ △ ○

問題１５

問題１６

☆洛南高等学校附属小学校

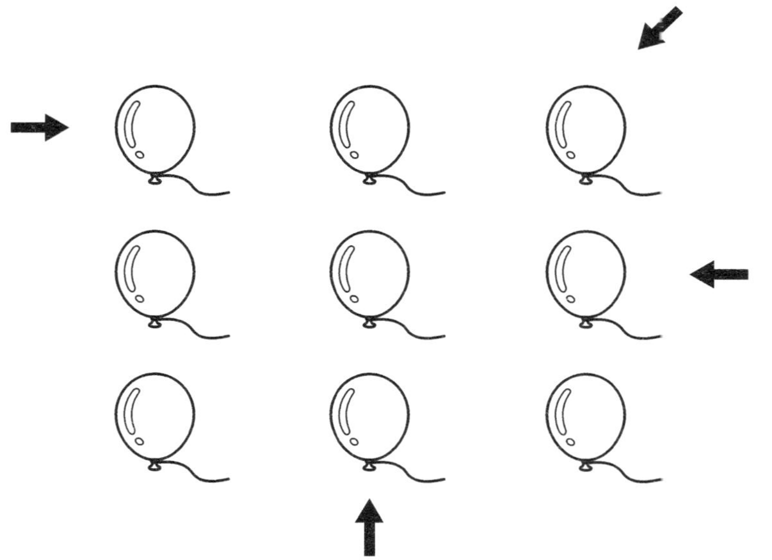

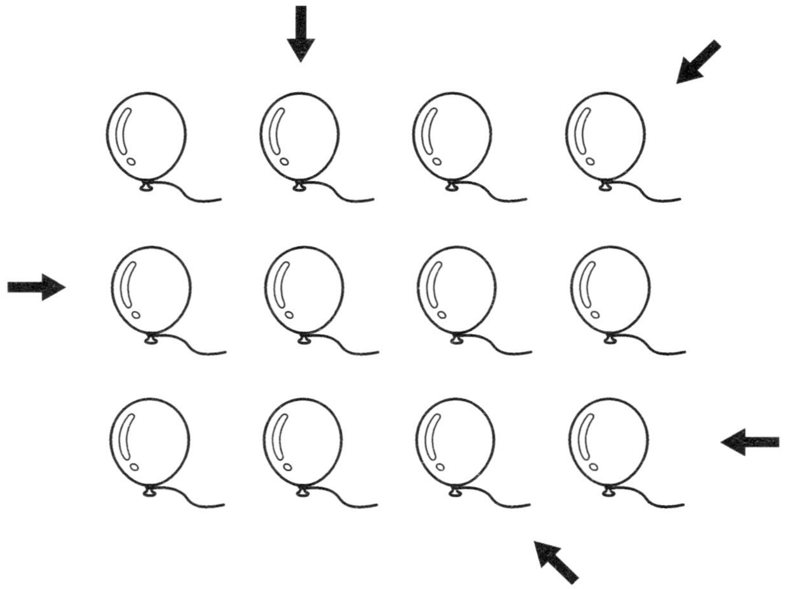

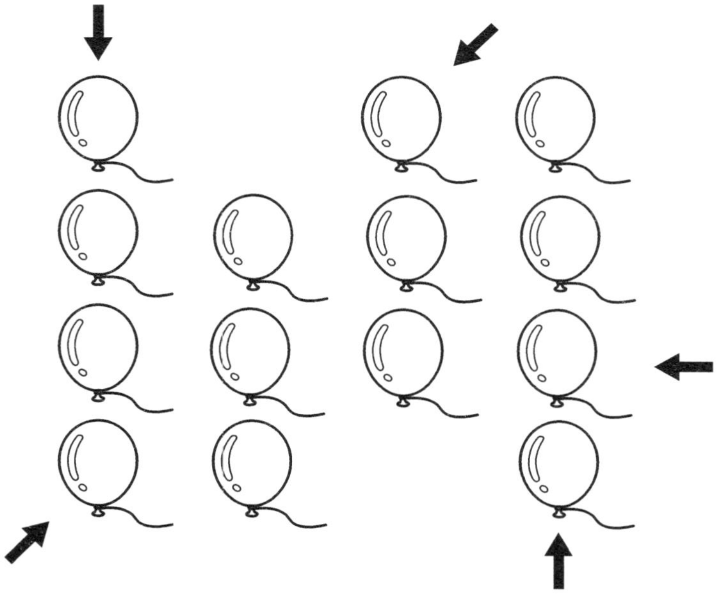

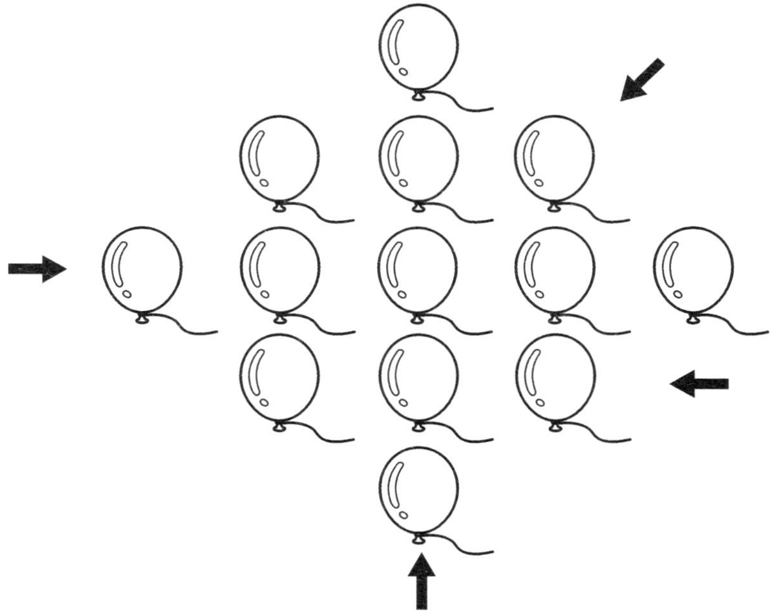

①

②

③

④

問題１７

☆洛南高等学校附属小学校

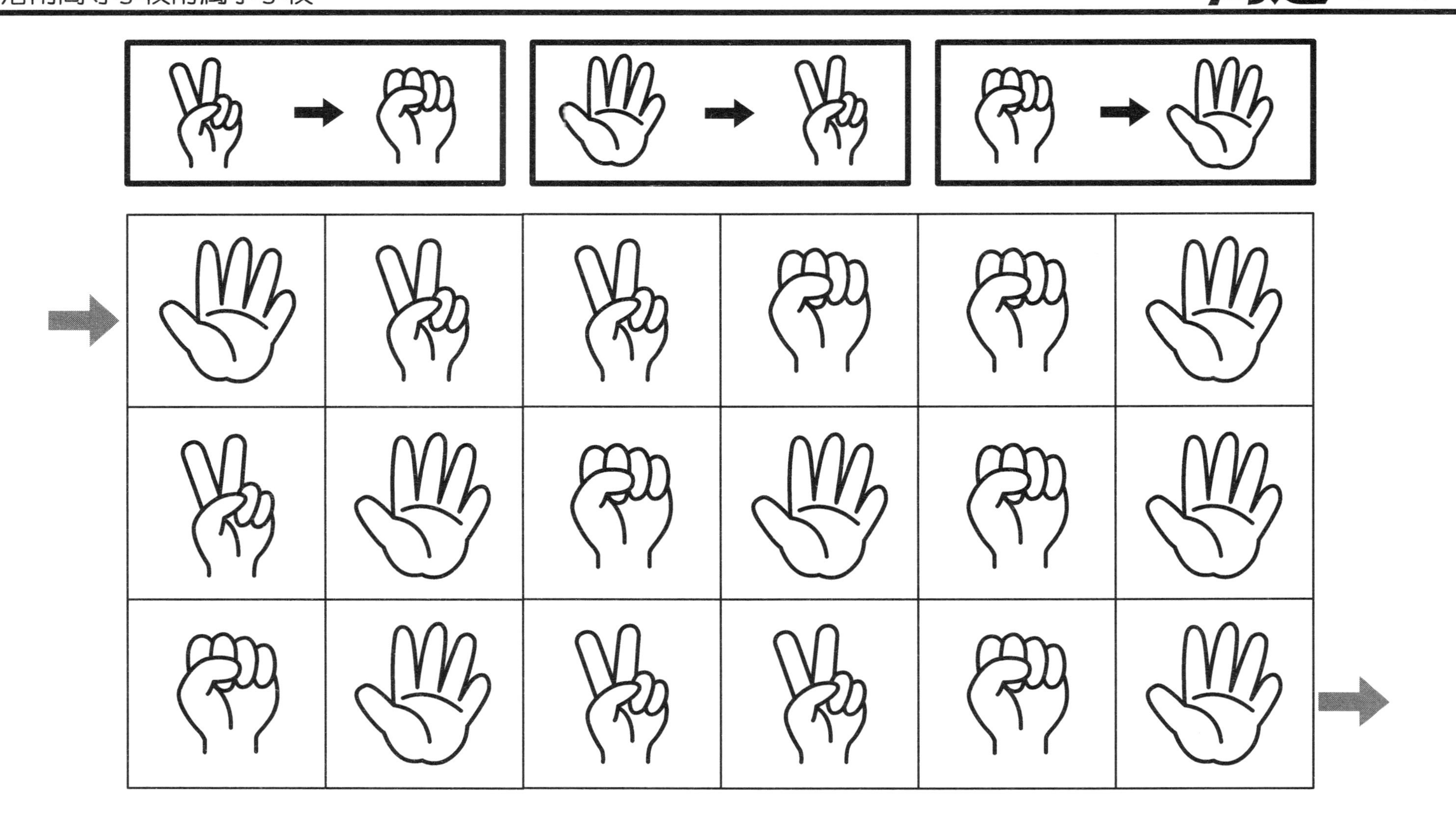

☆洛南高等学校附属小学校

問題１８

☆洛南高等学校附属小学校

問題１９

日本学習図書株式会社

問題２０

☆洛南高等学校附属小学校

問題２１

問題２２

①

②

日本学習図書株式会社

☆洛南高等学校附属小学校

問題２３

日本学習図書株式会社

☆洛南高等学校附属小学校

問題２４

①

②

③

④

⑤

問題２５

☆立命館小学校

問題２７

☆立命館小学校

問題28

☆立命館小学校

問題２９

①

②

③

④

☆立命館小学校

問題３０

①

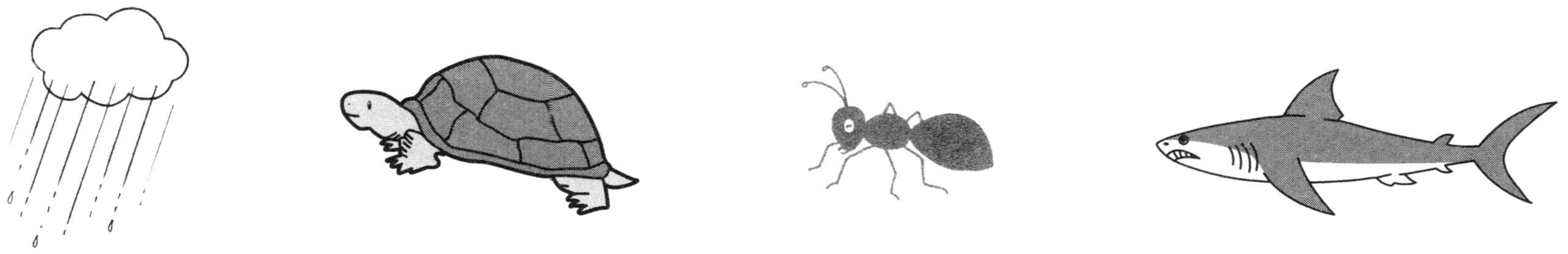

②

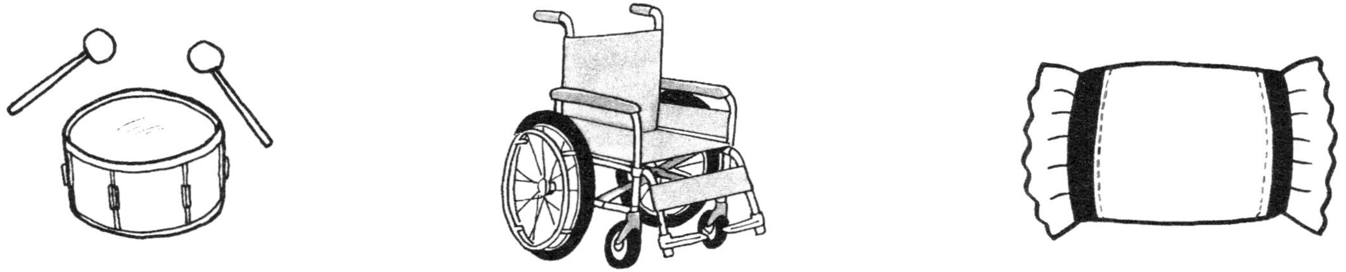

☆立命館小学校

問題３１

問題32

①

②

☆立命館小学校

問題３３

①

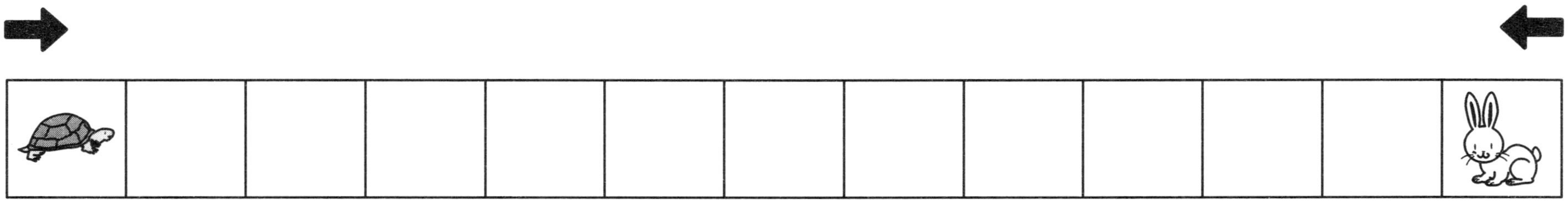

②

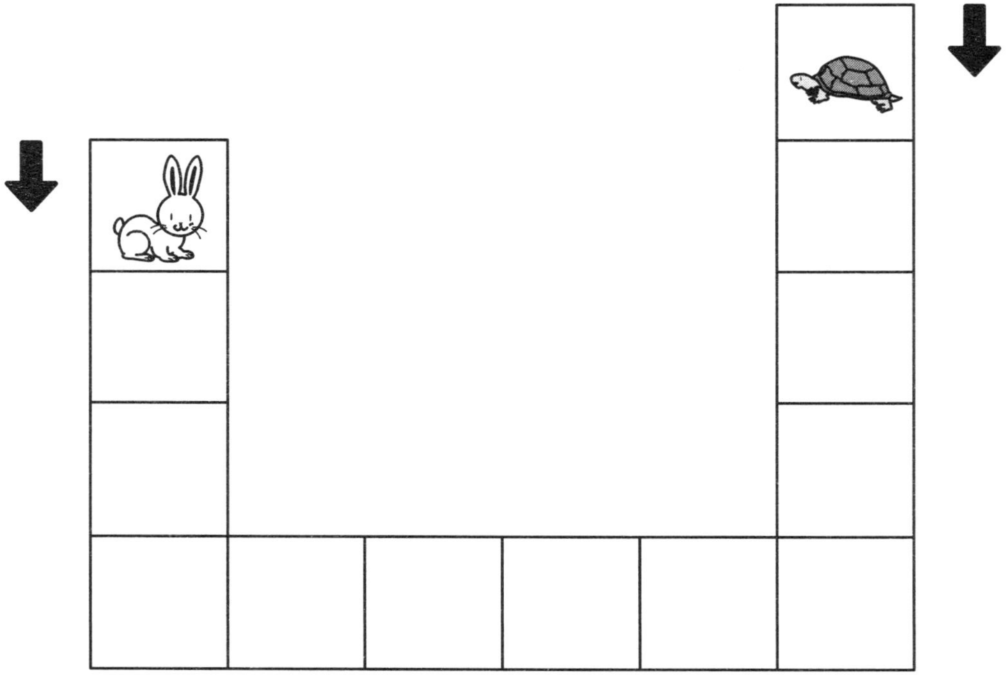

日本学習図書株式会社

☆立命館小学校

問題３４

①

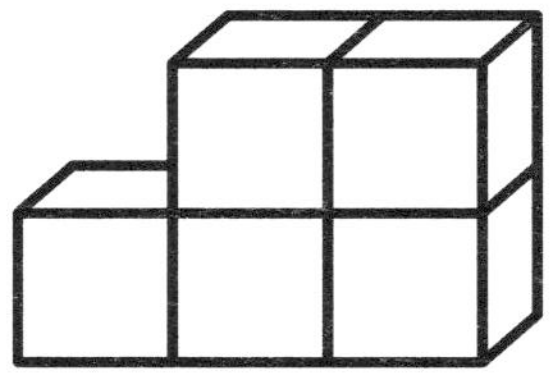

②

③

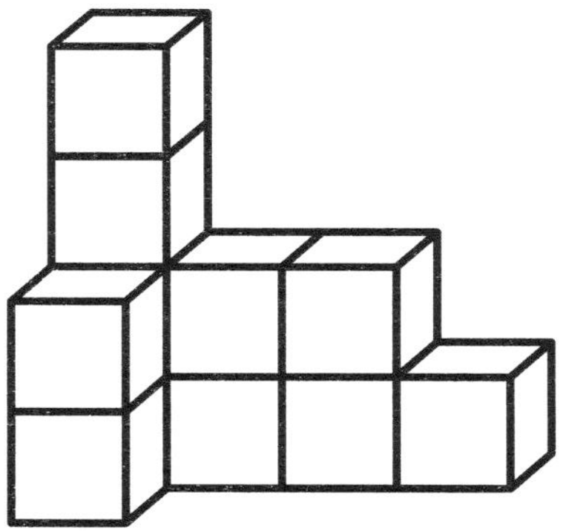

☆立命館小学校

問題３５

①

②

③

日本学習図書株式会社

問題３６

問題３７

問題３８

☆立命館小学校

問題３９

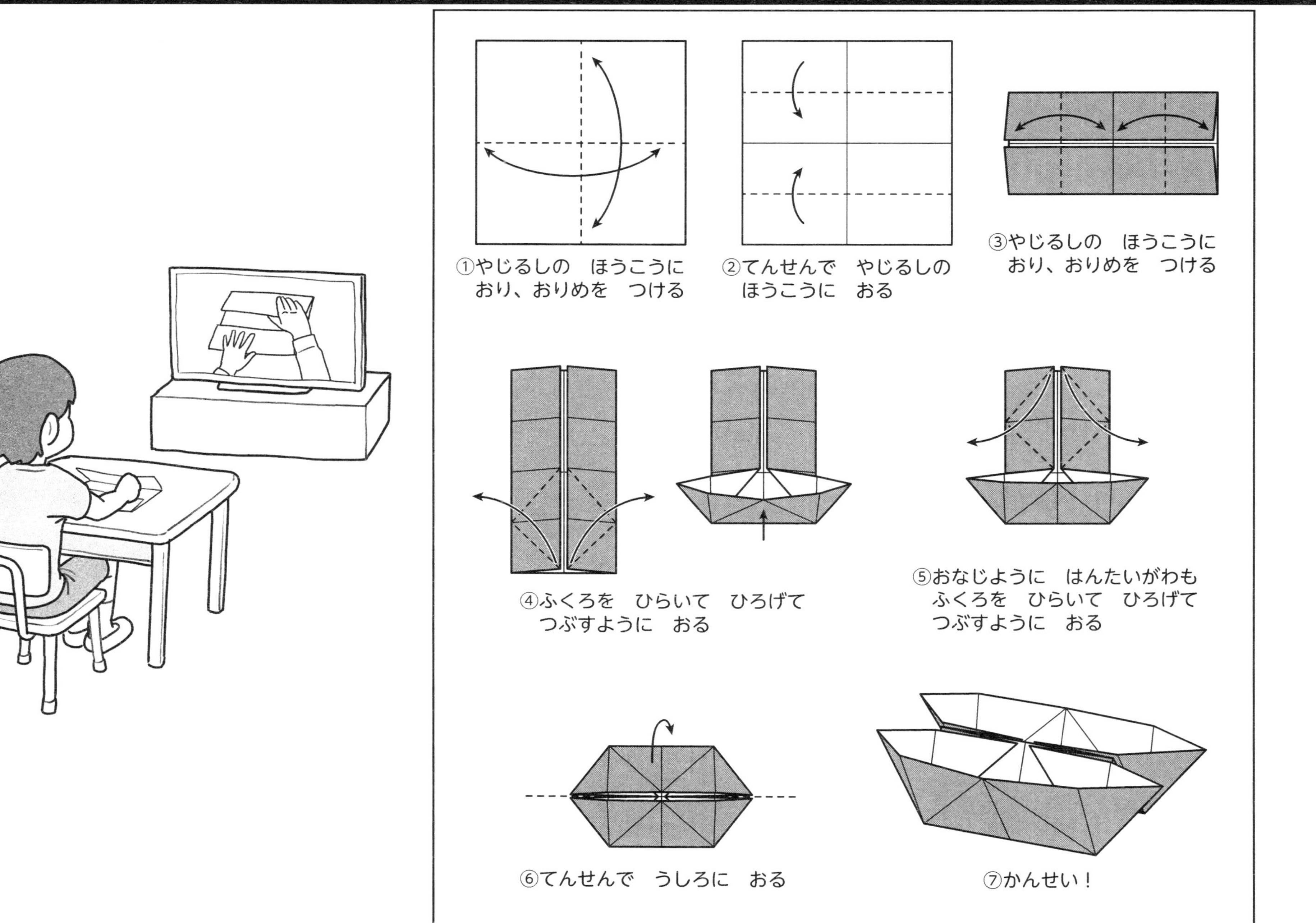
①やじるしの　ほうこうに
おり、おりめを　つける
②てんせんで　やじるしの
ほうこうに　おる
③やじるしの　ほうこうに
おり、おりめを　つける
④ふくろを　ひらいて　ひろげて
つぶすように　おる
⑤おなじように　はんたいがわも
ふくろを　ひらいて　ひろげて
つぶすように　おる
⑥てんせんで　うしろに　おる
⑦かんせい！

　

問題４０－１

問題４０－２

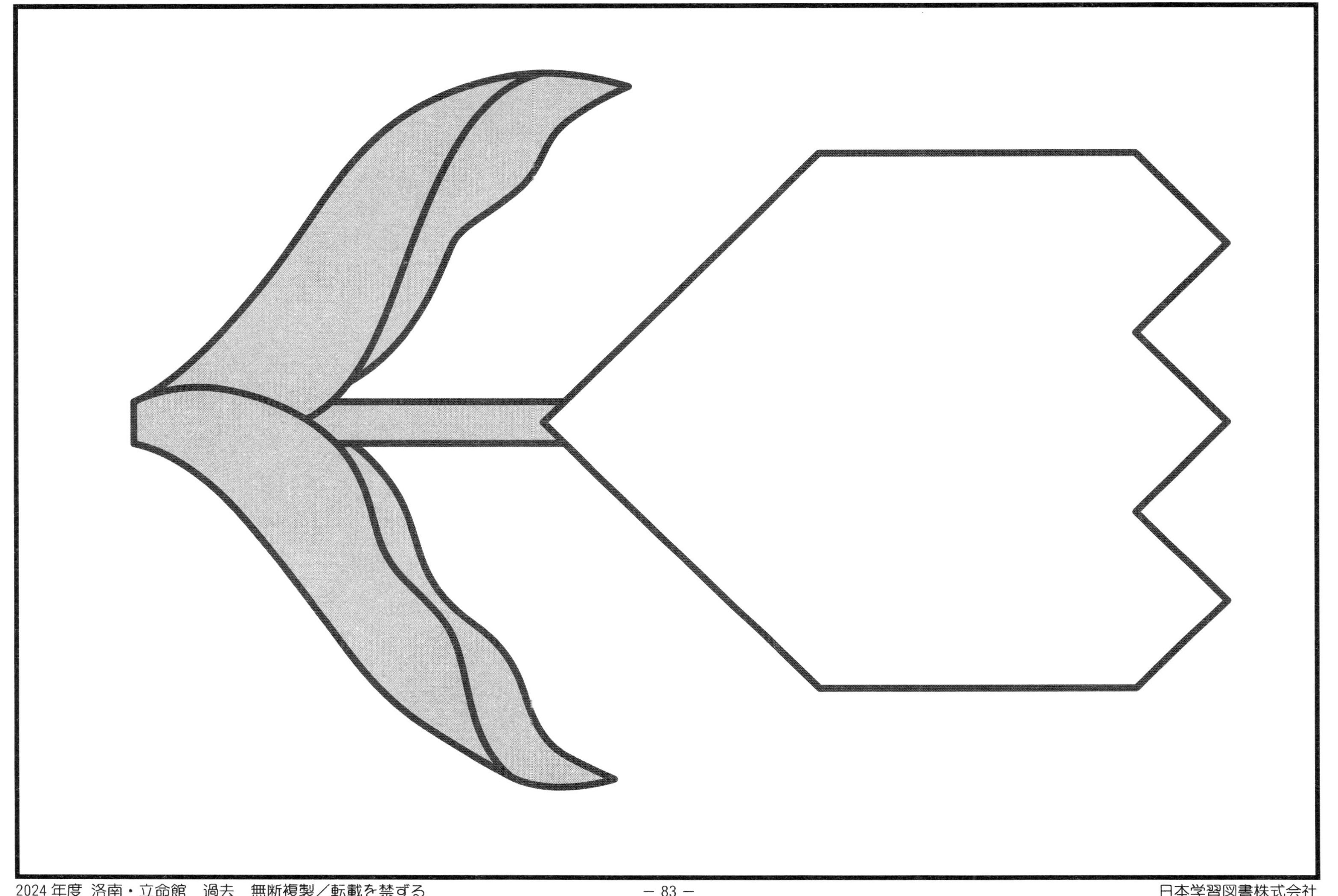

問題４１

☆立命館小学校

問題４４

①

②

問題４５

①

②

☆立命館小学校

問題４６－１

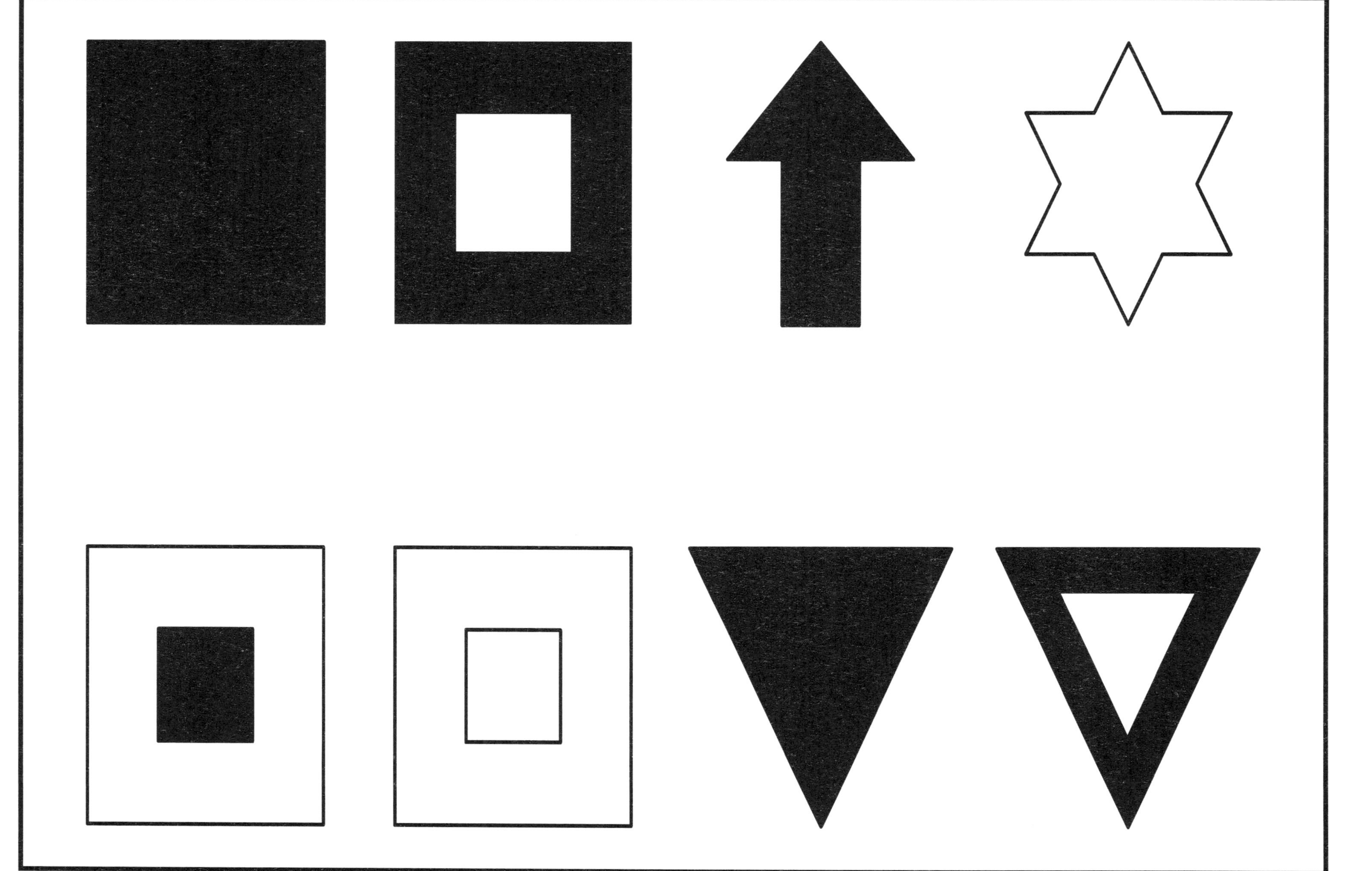

問題46－2

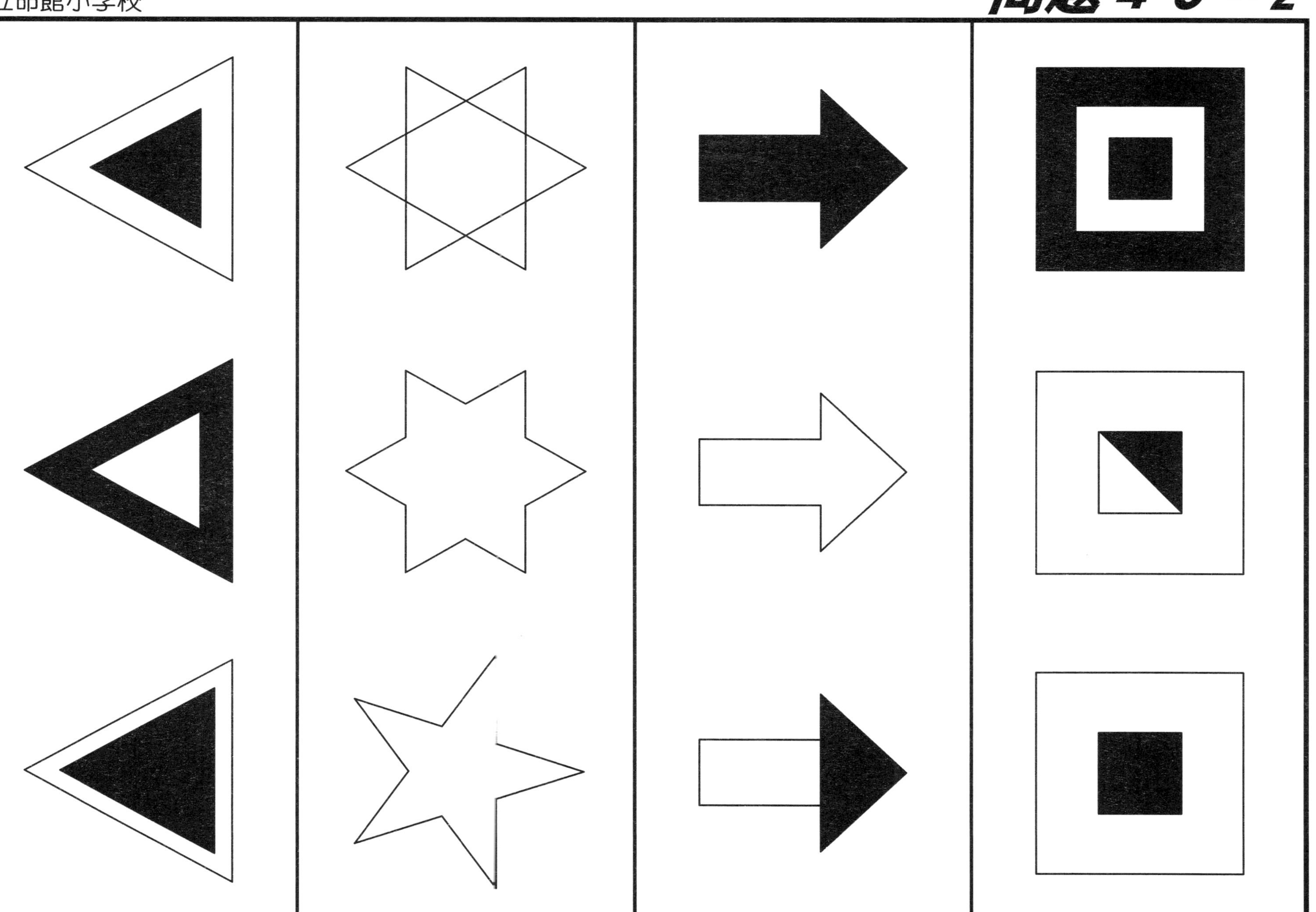

問題４７

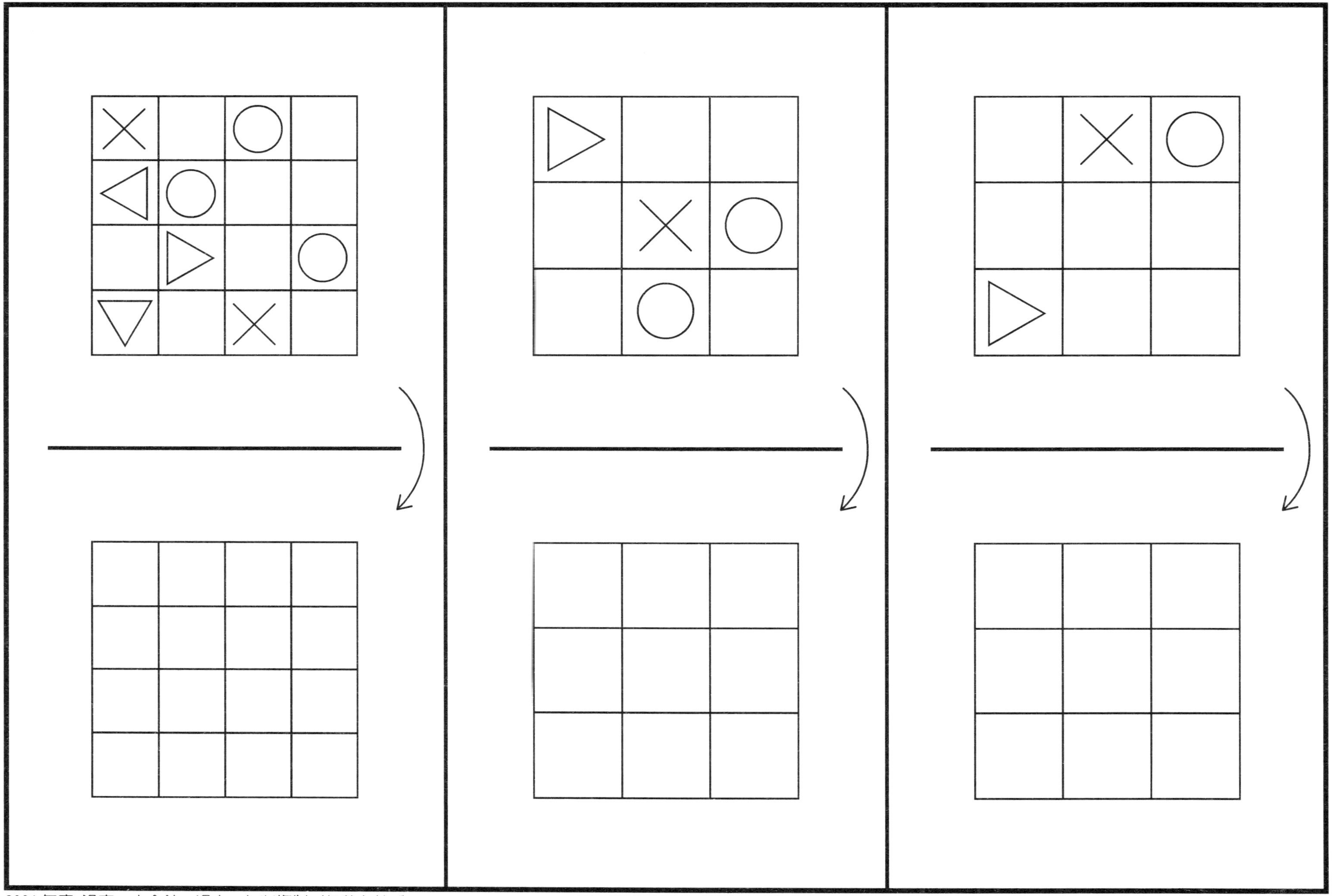

☆立命館小学校

問題４８

①

②

?

☆立命館小学校

問題４９

図書カード 1000 円分プレゼント

ご記入日 令和　　年　　月　　日

☆国・私立小学校受験アンケート☆

※可能な範囲でご記入下さい。選択肢は○で囲んで下さい。

〈小学校名〉＿＿＿＿＿＿＿＿＿＿＿＿＿ 〈お子さまの性別〉男・女　〈誕生月〉＿＿月

〈その他の受験校〉（複数回答可）＿＿＿＿＿＿＿＿＿＿＿＿＿＿＿＿＿＿＿＿＿＿

〈受験日〉①：＿＿月＿＿日 〈時間〉＿＿時＿＿分　～＿＿時＿＿分

②：＿＿月＿＿日 〈時間〉＿＿時＿＿分　～＿＿時＿＿分

〈受験者数〉男女計＿＿名　（男子＿＿名　女子＿＿名）

〈お子さまの服装〉＿＿＿＿＿＿＿＿＿＿＿＿＿＿＿＿＿

〈入試全体の流れ〉（記入例）準備体操→行動観察→ペーパーテスト

＿＿＿＿＿＿＿＿＿＿＿＿＿＿＿＿＿＿＿＿＿＿＿＿＿＿＿＿

Eメールによる情報提供

日本学習図書では、Eメールでも入試情報を募集しております。

下記のアドレスに、アンケートの内容をご入力の上、メールをお送り下さい。

ojuken@nichigaku.jp

●行動観察　（例）好きなおもちゃで遊ぶ・グループで協力するゲームなど

〈実施日〉＿＿月＿＿日 〈時間〉＿＿時＿＿分　～＿＿時＿＿分 〈着替え〉□有 □無

〈出題方法〉□肉声 □録音 □その他（　　　　　　）〈お手本〉□有 □無

〈試験形態〉□個別 □集団（　　　人程度）

〈会場図〉

〈内容〉

□自由遊び

＿＿＿＿＿＿＿＿＿＿＿＿＿＿＿＿＿＿＿＿

□グループ活動

＿＿＿＿＿＿＿＿＿＿＿＿＿＿＿＿＿＿＿＿

□その他

＿＿＿＿＿＿＿＿＿＿＿＿＿＿＿＿＿＿＿＿

●運動テスト（有・無）　（例）跳び箱・チームでの競争など

〈実施日〉＿＿月＿＿日 〈時間〉＿＿時＿＿分　～＿＿時＿＿分 〈着替え〉□有 □無

〈出題方法〉□肉声 □録音 □その他（　　　　　　）〈お手本〉□有 □無

〈試験形態〉□個別 □集団（　　　人程度）

〈会場図〉

〈内容〉

□サーキット運動

□走り □跳び箱 □平均台 □ゴム跳び

□マット運動 □ボール運動 □なわ跳び

□クマ歩き

□グループ活動＿＿＿＿＿＿＿＿＿＿＿＿＿＿＿＿

□その他＿＿＿＿＿＿＿＿＿＿＿＿＿＿＿＿＿＿

●知能テスト・口頭試問

〈実施日〉 ＿月＿日 〈時間〉 ＿時＿分 ～ ＿時＿分 〈お手本〉□有 □無

〈出題方法〉 □肉声 □録音 □その他（　　　　） 〈問題数〉 ＿枚 ＿問

分野	方法	内　容	詳　細・イ　ラ　ス　ト
（例） お話の記憶	☑筆記 □口頭	動物たちが待ち合わせをする話	（あらすじ） 動物たちが待ち合わせをした。最初にウサギさんが来た。次にイヌくんが、その次にネコさんが来た。最後にタヌキくんが来た。 （問題・イラスト） ３番目に来た動物は誰か
お話の記憶	□筆記 □口頭		（あらすじ） （問題・イラスト）
図形	□筆記 □口頭		
言語	□筆記 □口頭		
常識	□筆記 □口頭		
数量	□筆記 □口頭		
推理	□筆記 □口頭		
その他	□筆記 □口頭		

●制作　（例）ぬり絵・お絵かき・工作遊びなど

〈実施日〉＿＿月＿＿日〈時間〉＿＿時＿＿分＿＿～＿＿時＿＿分

〈出題方法〉 □肉声 □録音 □その他（　　　　　　　）〈お手本〉□有 □無

〈試験形態〉 □個別 □集団（　　　　人程度）

材料・道具	制作内容
□ハサミ	□切る　□貼る　□塗る　□ちぎる　□結ぶ　□描く　□その他（　　　　　　　　　　　）
□のり（□つぼ □液体 □スティック）	タイトル：＿＿＿＿＿＿＿＿＿＿＿＿＿＿
□セロハンテープ	
□鉛筆 □クレヨン（　色）	
□クーピーペン（　色）	
□サインペン（　色）□	
□画用紙（□ A4 □ B4 □ A3	
□その他：　　　　　　　）	
□折り紙 □新聞紙 □粘土	
□その他（　　　　　　　）	

●面接

〈実施日〉＿＿月＿＿日〈時間〉＿＿時＿＿分＿＿～＿＿時＿＿分〈面接担当者〉＿＿＿名

〈試験形態〉□志願者のみ（　　）名 □保護者のみ □親子同時 □親子別々

〈質問内容〉

□志望動機　□お子さまの様子

□家庭の教育方針

□志望校についての知識・理解

□その他（　　　　　　　　　　　　　　　　）

（　詳　細　）

・

・

・

・

※試験会場の様子をご記入下さい。

例

校長先生　教頭先生

父　子　母

出入口

●保護者作文・アンケートの提出（有・無）

〈提出日〉 □面接直前　□出願時　□志願者考査中　□その他（　　　　　　　　　　）

〈下書き〉 □有　□無

〈アンケート内容〉

（記入例）当校を志望した理由はなんですか（150 字）

●説明会（□有　□無）〈開催日〉＿＿月＿＿日〈時間〉＿＿時＿＿分＿＿～＿＿時＿＿分

〈上履き〉 □要 □不要 〈願書配布〉 □有 □無 〈校舎見学〉 □有 □無

〈ご感想〉

●参加された学校行事 (複数回答可)

公開授業〈開催日〉＿＿月＿＿日〈時間〉＿＿時＿＿分＿＿～＿＿時＿＿分

運動会など〈開催日〉＿＿月＿＿日〈時間〉＿＿時＿＿分＿＿～＿＿時＿＿分

学習発表会・音楽会など〈開催日〉＿＿月＿＿日〈時間〉＿＿時＿＿分＿＿～＿＿時＿＿分

〈ご感想〉

※是非参加したほうがよいと感じた行事について

●受験を終えてのご感想、今後受験される方へのアドバイス

※対策学習（重点的に学習しておいた方がよい分野）、当日準備しておいたほうがよい物など

＊＊＊＊＊＊＊＊＊＊＊＊＊ ご記入ありがとうございました ＊＊＊＊＊＊＊＊＊＊＊＊＊

必要事項をご記入の上、ポストにご投函ください。

なお、本アンケートの送付期限は入試終了後３ヶ月とさせていただきます。また、入試に関する情報の記入量が当社の基準に満たない場合、謝礼の送付ができないことがございます。あらかじめご了承ください。

ご住所：〒＿＿＿＿＿＿＿＿＿＿＿＿＿＿＿＿＿＿＿＿

お名前：＿＿＿＿＿＿＿＿＿＿　メール：＿＿＿＿＿＿＿＿＿＿

ＴＥＬ：＿＿＿＿＿＿＿＿＿＿　ＦＡＸ：＿＿＿＿＿＿＿＿＿＿

アンケートのご記入ありがとうございました

ご記入頂いた個人に関する情報は、当社にて厳重に管理致します。弊社の個人情報取り扱いに関する詳細は、www.nichigaku.jp/policy.php の「個人情報の取り扱い」をご覧下さい。

分野別 小学入試練習帳 ジュニアウォッチャー

1．点・線図形	小学校入試で出題頻度の高い『点・線図形』の模写を、難易度の低いものから段階別に幅広く練習することができるように構成。
2．座標	図形の位置模写という作業を、難易度の低いものから段階別に練習できるように構成。
3．パズル	様々なパズルの問題を難易度の低いものから段階別に練習できるように構成。
4．同図形探し	小学校入試で出題頻度の高い、同図形選びの問題を繰り返し練習できるように構成。
5．回転・展開	図形などを回転、または展開したとき、形がどのように変化するかを学習し、理解を深められるように構成。
6．系列	数、図形などの様々な系列問題を、難易度の低いものから段階別に練習できるように構成。
7．迷路	迷路の問題を繰り返し練習できるように構成。
8．対称	対称に関する問題を４つのテーマに分類し、各テーマごとに問題を段階別に練習できるように構成。
9．合成	図形の合成に関する問題を、難易度の低いものから段階別に練習できるように構成。
10．四方からの観察	もの（立体）を様々な角度から見て、どのように見えるかを推理する問題を段階別に整理し、１つの形式で複数の問題を練習できるように構成。
11．いろいろな仲間	ものや動物、植物の共通点を見つけ、分類していく問題を中心に構成。
12．日常生活	日常生活における様々な問題を６つのテーマに分類し、各テーマごとに一つの問題形式で複数の問題を練習できるように構成。
13．時間の流れ	『時間』に着目し、様々なものごとは、時間が経過するとどのように変化するのかということを学習し、理解できるように構成。
14．数える	様々なものを『数える』ことから、数の多少の判定やかけ算、わり算の基礎までを練習できるように構成。
15．比較	比較に関する問題を５つのテーマ（数、高さ、長さ、量、重さ）に分類し、各テーマごとに問題を段階別に練習できるように構成。
16．積み木	数える対象を積み木に限定した問題集。
17．言葉の音遊び	言葉の音に関する問題を５つのテーマに分類し、各テーマごとに問題を段階別に練習できるように構成。
18．いろいろな言葉	表現力をより豊かにするいろいろな言葉として、擬態語や擬声語、同音異義語、反意語、数詞を取り上げた問題集。
19．お話の記憶	お話を聴いてその内容を記憶、理解し、設問に答える形式の問題集。
20．見る記憶・聴く記憶	「見て憶える」「聴いて憶える」という『記憶』分野に特化した問題集。
21．お話作り	いくつかの絵を元にしてお話を作る練習をして、想像力を養うことができるように構成。
22．想像画	描かれてある形や景色に好きな絵を描くことにより、想像力を養うことができるように構成。
23．切る・貼る・塗る	小学校入試で出題頻度の高い、はさみやのりなどを用いた巧緻性の問題を繰り返し練習できるように構成。
24．絵画	小学校入試で出題頻度の高い、お絵かきやぬり絵などクレヨンやクーピーペンを用いた巧緻性の問題を繰り返し練習できるように構成。
25．生活巧緻性	小学校入試で出題頻度の高い日常生活の様々な場面における巧緻性の問題集。
26．文字・数字	ひらがなの清音、濁音、拗音、拗長音、促音と１～20までの数字に焦点を絞り、練習できるように構成。
27．理科	小学校入試で出題頻度が高くなりつつある理科の問題を集めた問題集。
28．運動	出題頻度の高い運動問題を種目別に分けて構成。
29．行動観察	項目ごとに問題提起をし、「このような時はどうか、あるいはどう対処するのか」の観点から問いかける形式の問題集。
30．生活習慣	学校から家庭に提起された問題と思って、一問一問絵を見ながら話し合い、考える形式の問題集。

31．推理思考	数、量、言語、常識（含理科、一般）など、諸々のジャンルから問題を構成し、近年の小学校入試問題傾向に沿って構成。
32．ブラックボックス	箱や筒の中を通ると、どのようなお約束でどのように変化するかを推理・思考する問題集。
33．シーソー	重さの違うものをシーソーに乗せた時どちらに傾くのか、またどうすればシーソーは釣り合うのかを思考する基礎的な問題集。
34．季節	様々な行事や植物などを季節別に分類できるように知識をつける問題集。
35．重ね図形	小学校入試で頻繁に出題されている「図形を重ね合わせてできる形」についての問題を集めました。
36．同数発見	様々な物を数え「同じ数」を発見し、数の多少の判断や数の認識の基礎を学べるように構成した問題集。
37．選んで数える	数の学習の基本となる、いろいろなものの数を正しく数える学習を行う問題集。
38．たし算・ひき算１	数字を使わず、たし算とひき算の基礎を身につけるための問題集。
39．たし算・ひき算２	数字を使わず、たし算とひき算の基礎を身につけるための問題集。
40．数を分ける	数を等しく分ける問題です。等しく分けたときに余りが出るものもあります。
41．数の構成	ある数がどのような数で構成されているか学んでいきます。
42．一対多の対応	一対一の対応から、一対多の対応まで、かけ算の考え方の基礎学習を行います。
43．数のやりとり	あげたり、もらったり、数の変化をしっかりと学びます。
44．見えない数	指定された条件から数を導き出します。
45．図形分割	図形の分割に関する問題集。パズルや合成の分野にも通じる様々な問題を集めました。
46．回転図形	「回転図形」に関する問題集。やさしい問題から始め、いくつかの代表的なパターンから、段階を踏んで学習できるよう編集されています。
47．座標の移動	「マス目の指示通りに移動する問題」と「指示された数だけ移動する問題」を収録。
48．鏡図形	鏡で左右反転させた時の見え方を考えます。平面図形から立体図形、文字、絵まで。
49．しりとり	すべての学習の基礎となる「言葉」を学ぶこと、特に「語彙」を増やすことに重点をおき、さまざまなタイプの「しりとり」問題を集めました。
50．観覧車	観覧車やメリーゴーラウンドなどを舞台にした「回転系列」の問題集。「推理思考」分野の問題ですが、要素として「図形」や「数量」も含みます。
51．運筆①	鉛筆の持ち方を学び、点線なぞり、お手本を見ながらの模写で、線を引く練習をします。
52．運筆②	運筆①からさらに発展し、「欠所補完」や「迷路」などを楽しみながら、より複雑な鉛筆運びを習得することを目指します。
53．四方からの観察 積み木編	積み木を使用した「四方からの観察」に関する問題を練習できるように構成。
54．図形の構成	見本の図形がどのような部分によって形づくられているかを考えます。
55．理科②	理科的知識に関する問題を集中して練習する「常識」分野の問題集。
56．マナーとルール	道路や駅、公共の場でのマナー、安全や衛生に関する常識を学べるように構成。
57．置き換え	さまざまな具体的・抽象的事象を記号で表す「置き換え」の問題を扱います。
58．比較②	長さ・高さ・体積・数などを数学的な知識を使わず、論理的に推測する「比較」の問題を練習できるように構成。
59．欠所補完	線と線のつながり、欠けた絵に当てはまるものなどを求める「欠所補完」に取り組める問題集です。
60．言葉の音（おん）	しりとり、決まった順番の音をつなげるなど、「言葉の音」に関する問題に取り組める練習問題集です。

『読み聞かせ』×『質問』=『聞く力』

お話の記憶の練習に最適

1話5分の 読み聞かせお話集①②

「アラビアン・ナイト」「アンデルセン童話」「イソップ寓話」「グリム童話」、日本や各国の民話、昔話、偉人伝の中から、教育的な物語や、過去に小学校入試でも出題された有名なお話を中心に掲載。お話ごとに、内容に関連したお子さまへの質問も掲載しています。「読み聞かせ」を通して、お子さまの『聞く力』を伸ばすことを目指します。

①巻・②巻　各48話

1話7分の読み聞かせお話集 入試実践編①

最長1,700文字の長文のお話を掲載。有名でない=「聞いたことのない」お話を聞くことで、『集中力』のアップを目指します。設問も、実際の試験を意識した設問としています。ペーパーテスト実施校の多くが「お話の記憶」の問題を出題します。毎日の「読み聞かせ」と「試験に出る質問」で、「解答のポイント」をつかんで臨みましょう！

50話収録

ニチガクの この5冊で受験準備も万全！

小学校受験入門 願書の書き方から面接まで リニューアル版

主要私立・国立小学校の願書・面接内容を中心に、学校選びや入試の分野傾向、服装コーディネート、持ち物リストなども網羅し、受験準備全体をサポートします。

小学校受験で 知っておくべき 125のこと

小学校受験の基本から怪しい「ウワサ」まで、保護者の方々からの 125 の質問にていねいに解答。目からウロコのお受験本。

新　小学校受験の 入試面接Q＆A リニューアル版

過去十数年に遡り、面接での質問内容を網羅。小学校別、父親・母親・志願者別、さらに学校のこと・志望動機・お子さまについてなど分野ごとに模範解答例やアドバイスを掲載。

新　願書・アンケート 文例集 500 リニューアル版

有名私立小、難関国立小の願書やアンケートに記入するための適切な文例を、質問の項目別に収録。合格を掴むためのヒントが満載！願書を書く前に、ぜひ一度お読みください。

小学校受験に関する 保護者の悩みQ＆A

保護者の方約 1,000 人に、学習・生活・躾に関する悩みや問題を取材。その中から厳選した 200 例以上の悩みに、「ふだんの生活」と「入試直前」のアドバイス２本立てで悩みを解決。

日本学習図書株式会社

洛南高等学校附属小学校　専用注文書

年　　月　　日

合格のための問題集ベスト・セレクション

＊入試頻出分野ベスト３

1st 推理　思考力　観察力　聞く力

2nd 図形　観察力　思考力

3rd 言語　知識　聞く力

問題がやさしくなってきているとはいえ、推理問題を中心に考えさせる問題が数多く出題されています。また、出題分野が幅広い上に問題数も多いので、集中力の持続も必要になってきます。

分野	書　名	価格(税込)	注文	分野	書　名	価格(税込)	注文
図形	Ｊｒ・ウォッチャー 4「同図形探し」	1,650円	冊	数量	Ｊｒ・ウォッチャー 40「数を分ける」	1,650円	冊
図形	Ｊｒ・ウォッチャー 5「回転・展開」	1,650円	冊	数量	Ｊｒ・ウォッチャー 43「数のやりとり」	1,650円	冊
図形	Ｊｒ・ウォッチャー 6「系列」	1,650円	冊	図形	Ｊｒ・ウォッチャー 45「図形分割」	1,650円	冊
常識	Ｊｒ・ウォッチャー 11「いろいろな仲間」	1,650円	冊	図形	Ｊｒ・ウォッチャー 46「回転図形」	1,650円	冊
常識	Ｊｒ・ウォッチャー 12「日常生活」	1,650円	冊	図形	Ｊｒ・ウォッチャー 47「座標の移動」	1,650円	冊
数量	Ｊｒ・ウォッチャー 16「積み木」	1,650円	冊	巧緻性	Ｊｒ・ウォッチャー 51「運筆①」	1,650円	冊
言語	Ｊｒ・ウォッチャー 17「言葉の音遊び」	1,650円	冊	巧緻性	Ｊｒ・ウォッチャー 52「運筆②」	1,650円	冊
記憶	Ｊｒ・ウォッチャー 19「お話の記憶」	1,650円	冊	図形	Ｊｒ・ウォッチャー 54「図形の構成」	1,650円	冊
記憶	Ｊｒ・ウォッチャー 20「見る記憶・聴く記憶」	1,650円	冊	常識	Ｊｒ・ウォッチャー 55「理科②」	1,650円	冊
常識	Ｊｒ・ウォッチャー 27「理科」	1,650円	冊	常識	Ｊｒ・ウォッチャー 56「マナーとルール」	1,650円	冊
観察	Ｊｒ・ウォッチャー 28「運動」	1,650円	冊		新 運動テスト問題集	2,420円	冊
推理	Ｊｒ・ウォッチャー 31「推理思考」	1,650円	冊		お話の記憶問題集 中級編・上級編	2,200円	各　冊
数量	Ｊｒ・ウォッチャー 38「たし算・ひき算１」	1,650円	冊		保護者のための入試面接最強マニュアル	2,200円	冊
数量	Ｊｒ・ウォッチャー 39「たし算・ひき算２」	1,650円	冊		新 願書・アンケート・作文 文例集 500	2,860円	冊

合計	冊	円

（フリガナ） 氏　名	電　話 ＦＡＸ E-mail
住 所　〒　　　－	以前にご注文されたことはございますか。 有　・　無

★お近くの書店、または記載の電話・FAX・ホームページにてご注文をお受けしております。
電話：03-5261-8951　FAX：03-5261-8953　代金は書籍合計金額＋送料がかかります。
※なお、落丁・乱丁以外の理由による商品の返品・交換には応じかねます。
★ご記入頂いた個人に関する情報は、当社にて厳重に管理致します。なお、ご購入の商品発送の他に、当社発行の書籍案内、書籍に関する調査に使用させて頂く場合がございますので、予めご了承ください。

日本学習図書株式会社
http://www.nichigaku.jp

立命館小学校　専用注文書

年　月　日

合格のための問題集ベスト・セレクション

＊入試頻出分野ベスト３

1st 常識 知識 聞く力

2nd 図形 観察力 思考力

3rd 推理 思考力 観察力

それほど難しい問題が出題されることはないので、基礎をしっかりと学んでおけば充分に対応できます。その際、ペーパー学習だけでなく、生活体験を通じた学習を心がけるようにしてください。

分野	書名	価格(税込)	注文	分野	書名	価格(税込)	注文
図形	Ｊr・ウォッチャー４「同図形探し」	1,650円	冊	数量	Ｊr・ウォッチャー39「たし算・ひき算２」	1,650円	冊
図形	Ｊr・ウォッチャー６「系列」	1,650円	冊	数量	Ｊr・ウォッチャー44「見えない数」	1,650円	冊
推理	Ｊr・ウォッチャー７「迷路」	1,650円	冊	言語	Ｊr・ウォッチャー49「しりとり」	1,650円	冊
図形	Ｊr・ウォッチャー８「対称」	1,650円	冊	巧緻性	Ｊr・ウォッチャー51「運筆①」	1,650円	冊
常識	Ｊr・ウォッチャー11「いろいろな仲間」	1,650円	冊	巧緻性	Ｊr・ウォッチャー52「運筆②」	1,650円	冊
常識	Ｊr・ウォッチャー12「日常生活」	1,650円	冊	推理	Ｊr・ウォッチャー53「四方からの観察 積み木編」	1,650円	冊
数量	Ｊr・ウォッチャー16「積み木」	1,650円	冊		1話5分の読み聞かせお話集①・②	1,980円	各　冊
言語	Ｊr・ウォッチャー17「言葉の音遊び」	1,650円	冊		お話の記憶問題集 初級編	2,860円	冊
言語	Ｊr・ウォッチャー18「いろいろな言葉」	1,650円	冊		実践 ゆびさきトレーニング①・②・③	2,750円	各　冊
記憶	Ｊr・ウォッチャー19「お話の記憶」	1,650円	冊		小学校受験で知っておくべき125のこと	2,860円	冊
記憶	Ｊr・ウォッチャー20「見る記憶・聴く記憶」	1,650円	冊		新 小学校受験の入試面接Ｑ＆Ａ	2,860円	冊
巧緻性	Ｊr・ウォッチャー23「切る・貼る・塗る」	1,650円	冊		保護者のための入試面接最強マニュアル	2,200円	冊
観察	Ｊr・ウォッチャー29「行動観察」	1,650円	冊		家庭で行う面接テスト問題集	2,200円	冊
数量	Ｊr・ウォッチャー38「たし算・ひき算１」	1,650円	冊		新 願書・アンケート・作文 文例集500	2,860円	冊

合計	冊	円

(フリガナ) 氏　名	電　話 ＦＡＸ E-mail
住所　〒　　　－	以前にご注文されたことはございますか。 有　・　無

★お近くの書店、または記載の電話・FAX・ホームページにてご注文をお受けしております。
電話：03-5261-8951　FAX：03-5261-8953　代金は書籍合計金額＋送料がかかります。
※なお、落丁・乱丁以外の理由による商品の返品・交換には応じかねます。
★ご記入頂いた個人に関する情報は、当社にて厳重に管理致します。なお、ご購入の商品発送の他に、当社発行の書籍案内、書籍に関する調査に使用させて頂く場合がございますので、予めご了承ください。

日本学習図書株式会社
http://www.nichigaku.jp

家庭学習をトータルサポート！ ニチガクのオリジナル 効果的 学習法

1 まずはアドバイスページを読む！

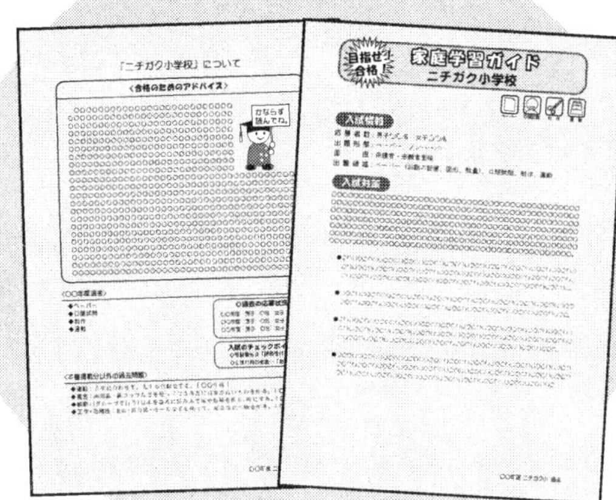

ピンク色です

対策や試験ポイントがぎっしりつまった「家庭学習ガイド」。しっかり読んで、試験の傾向をおさえよう！

2 問題をすべて読み、出題傾向を把握する

3 「学習のポイント」で学校側の観点や問題の解説を熟読

4 はじめて過去問題にチャレンジ！

5 プラスα 対策問題集や類題で力を付ける

過去問のこだわり

最新問題は問題ページ、イラストページ、解答・解説ページが独立しており、お子さまにすぐに取り掛かっていただける作りになっています。
ニチガクの学校別問題集ならではの、学習法を含めたアドバイスを利用して効率のよい家庭学習を進めてください。

各問題のジャンル

問題8 分野：図形（構成・重ね図形）

〈準　備〉　鉛筆、消しゴム

〈問　題〉　①この形は、左の三角形を何枚使ってできていますか。その数だけ右の四角に○を書いてください。
②左の絵の一番下になっている形に○をつけてください。
③左には、透明な板に書かれた３枚の絵があります。この絵をそのまま３枚重ねると、どうなりますか。右から選んで○をつけてください。
④左には、透明な板に書かれた３枚の絵があります。この絵をそのまま３枚重ねると、どうなりますか。右から選んで○をつけてください。

〈時　間〉　各20秒

〈解　答〉　①○４つ　②中央　③右端　④右端

学習のポイント

空間認識力を総合的に観ることができる問題構成といえるでしょう。これらの３問を見て、どの問題もすんなりと解くことができたでしょうか。当校の入試は、基本問題は確実に解き、難問をどれだけ正解するかで合格が近づいてきます。その観点からいうなら、この問題は全問正解したい問題に入ります。この問題も、お子さま自身に答え合わせをさせることをおすすめいたします。自分で実際に確認することでどのようになっているのか把握することが可能で、理解度が上がります。実際に操作したとき、どうなっているのか。何処がポイントになるのかなど、質問をすると、答えることが確認作業になるため、知識の習得につながります。形や条件を変え、色々な問題にチャレンジしてみましょう。

【おすすめ問題集】
Jr.ウォッチャー45「図形分割」

学習のポイント

各問題の解説や学校の観点、指導のポイントなどを教えます。
今日から保護者の方が家庭学習の先生に！

おすすめ対策問題集

分野ごとに対策問題集をご紹介。苦手分野の克服に最適です！
＊専用注文書付き。

2024年度版 洛南高等学校附属小学校
立命館小学校　過去問題集

発行日　2023年3月24日
発行所　〒162-0821 東京都新宿区津久戸町 3-11-9F
日本学習図書株式会社
電　話　03-5261-8951 ㈹

ISBN978-4-7761-5515-7

C6037 ¥2300E

定価 2,530円
(本体 2,300円＋税 10%)

詳細は http://www.nichigaku.jp 日本学習図書 検索

京都幼児教室は有名国立・私立小学校を中心に抜群の合格実績を誇っています。

年長児4月～9月まで

洛南クラス

●現在の授業日

火曜日
15:00～17:00
土曜日
9:40～11:40

音声によるテストを毎回実施し、より実践的な内容となっております。難度の高い問題・思考力が必要な問題など、様々なパターンのプリント学習を中心に授業に取り組む姿勢を高めていきます。

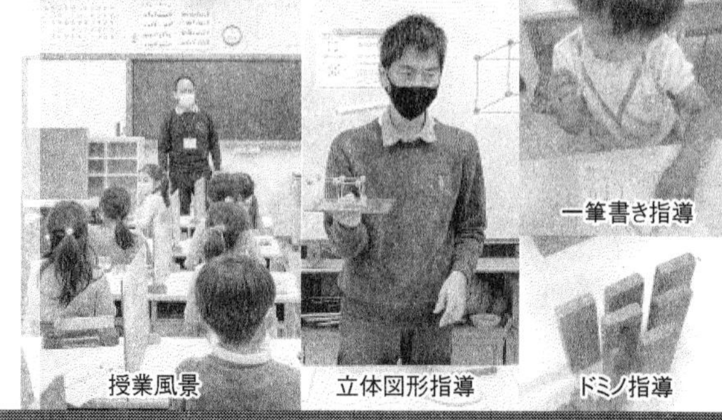

授業風景　立体図形指導　一筆書き指導　ドミノ指導

年中児4月～9月まで

4歳児洛南小クラス

●現在の授業日

月曜日
14:35～16:50
土曜日
13:00～15:15

音声によるテストを毎回実施します。入試に必要な内容で指導を行い、聞き取り・巧緻性・言語面を強化していきます。

授業風景

年長児4月～9月まで

受験科クラス

●現在の授業日

火曜日 立命館・同志社・ノートルダム小対応クラス
15:00～17:00
土曜日 京女・聖母小対応クラス
14:00～16:00

各小学校に対応した授業内容となっております。プリント・運動・制作・面接と練習していき、バランスよく力をつけていきます。

授業風景　面接練習

年長児4月～9月まで

小学校受験対策 体操スクール

●現在の授業日

土曜日
13:05～13:45

運動技能の習得は勿論、出願頻度の高い指示運動や待つ姿勢にも取り組みます。受験に出願される内容を全て網羅します。

授業風景

年長児対象　小学校受験対策	年長児対象　総合的知能開発	2歳児～年長児対象　総合運動能力開発
教育大附属小クラス	算数・国語クラス	体操スクール
年少児対象　小学校受験対策	年少児対象　総合的知能開発	0～2歳児対象　総合的知能開発
3歳児・ハイレベル洛南小クラス	3歳児クラス	育脳クラス

お問い合せは、京都幼児教室まで　☎ 075-344-5013　✉ kyoto@kirara-kids.com

京都幼児教室

四条教室　〒600-8083 京都市下京区高倉通仏光寺上ル
TEL.075-344-5013/FAX.075-344-5015

ホームページ　https://kyotoyouji.kirara-kids.com